I

DES
CAUSES ET DES RÉSULTATS
DE
LA RÉVOLUTION
DE 1830.

PARIS. — IMPRIMERIE-LIBRAIRIE DE G.-A. DENTU,
RUE D'ERFURTH, N° 1 BIS.

DES CAUSES

ET DES RÉSULTATS

DE LA

RÉVOLUTION

DE 1830.

PAR M. LE VICOMTE DE SAINT-CHAMANS,
ancien député.

PARIS,

CHEZ G.-A. DENTU, IMPRIMEUR-LIBRAIRE,
rue d'Erfurth, nº 1 *bis*;

ET PALAIS-ROYAL, GALERIE D'ORLÉANS, Nº 13.

1832.

AVANT-PROPOS.

Ces réflexions devaient paraître il y a plusieurs mois; mais j'ai hésité au moment de les publier. Des personnes en qui j'ai confiance, pensaient que, revenir sur les causes de la révolution de 1830, c'était ramener des questions qui ont partagé les royalistes; qu'il pourrait m'arriver de soutenir des doctrines peu en harmonie avec celles que professent plusieurs de mes amis politiques; qu'il y aurait de l'inconvénient à montrer de la division dans un parti qui a, plus que jamais, besoin d'union, et qu'ainsi cet écrit pourrait être plus nuisible qu'utile.

Ces observations m'ont frappé, et m'ont quelque temps arrêté. Mais, d'un autre côté, j'étais sans cesse tourmenté du besoin irrésistible de rétablir la vérité partout faussée, de faire l'éloge de ce qu'on accusait, de reporter les idées au point où l'on en était avant qu'on connût l'évènement, seul moyen de bien juger, quoique peu en usage. J'avais, à une autre époque, défendu Louis XVIII et le noble comte d'Artois des fautes qu'on leur reprochait; car dès lors on ne manquait pas de donner au malheur le nom de *fautes*. Je voulais qu'aujourd'hui encore il y eût au moins une protestation contre l'injustice des jugemens humains, et contre cette résignation de quelques royalistes mêmes à passer condamnation sur les torts de Charles X ; je voulais redire qu'il a cherché à nous sauver de la chute rapide où nous étions entraînés, chute que la catastrophe de juillet n'a fait qu'accélérer de quelques jours. Ce que nous voyons, ce que nous sentons si cruellement aujourd'hui, dit assez à la France si elle avait besoin d'être sauvée, et de quoi on a voulu la préserver : dans son malheur, elle regrettera bientôt tout entière qu'on n'y ait pas réussi.

Vivement porté à exprimer toute ma pensée sur ce sujet, j'ai fini par trouver que les craintes qu'on m'avait inspirées n'étaient pas assez réelles pour qu'il fallût me refuser ce qui peut-être n'était pas moins un devoir qu'un plaisir. Il me suffit de prévenir que je réponds seul des pensées que j'exprime, que je n'ai point de mission pour les produire en public, et qu'il ne faut les considérer que comme *miennes*. Je n'adopte aucune doctrine que de conviction ; et l'autorité des autres, même de mes amis, ne me suffit pas. Il m'est impossible de dire ce que je ne crois pas vrai, et il m'est fort difficile de taire ce que je crois vrai. Mais je puis me tromper, et je veux qu'on ne s'en prenne qu'à moi de mes erreurs, s'il y a lieu. C'est pour atteindre ce but que j'ai fait cette déclaration préliminaire, et que je me suis résigné à l'ennui qu'on éprouve et qu'on inspire en parlant de soi. Avec cette précaution, je crois que cette publication est sans inconvénient pour la bonne cause, et, d'ailleurs, mes écrits n'ont ni assez de lecteurs, ni assez d'influence pour produire l'effet que l'on en craint. En tout cas, quand ce serait un mal de justifier ceux que la fortune a condamnés, et de faire le panégyrique des vaincus, on ne court pas le risque que cette maladie soit contagieuse.

Je n'ai pas besoin de dire qu'aucune des idées que j'aurai à émettre sur les meilleurs moyens d'ordre et de stabilité dans une monarchie, ne s'applique au gouvernement actuel, que je trouve très-bien comme il est. Qu'il soit infidèle à son principe de la souveraineté du peuple, en circonscrivant si petitement le nombre des électeurs, il n'empêchera pas son principe de le tuer. Qu'il se débatte, emporté par sa charte démocratique, et qu'il s'efforce de la retenir lorsqu'elle l'entraîne vers le désordre et l'anarchie; c'est en vain qu'il voit très-nettement l'écueil devant lui; il court s'y briser. Tout meurtri sous les coups de la liberté de la presse, qu'il sente la pointe aiguë de mille traits qui s'enfoncent douloureusement et menacent de pénétrer jusqu'au cœur; il a beau s'agiter violemment, arracher avec angoisse les traits de la plaie, s'efforcer de tenir tête de tous côtés, et faire de temps en temps quelques prisonniers, rien n'allège ses tourmens, rien ne suspend son péril : les traits passent à travers les barreaux de la prison, et percent les murs des palais. Son destin est de succomber, couvert de taches et de plaies, devant cet ennemi qu'il ne peut écarter : car sa Charte lui impose la liberté de la presse, et il n'a plus d'article 14; car le principe de sa royauté l'exige encore plus impérieusement : le peuple étant souverain, il faut bien qu'on lui parle chaque jour de ses affaires, qu'on le mette un peu au fait du gouvernement, et, puisqu'il a le droit de faire et de défaire ses rois, qu'on tâche de lui faire comprendre de quoi il s'agit, afin qu'il sache un peu mieux ce qu'il fait quand cela lui arrive; car enfin la liberté de la presse est le premier principe du nouveau gouvernement, et la condition même de son existence : c'est une ordonnance contre cette liberté qui a fait éclater la tempête, ce sont les ouvriers imprimeurs qui ont donné le signal du combat; ce sont les journalistes qui ont changé la dynastie et disposé du trône; cette liberté a été payée assez cher, puisque, pour la posséder, il a fallu accepter un nouveau roi, la misère, l'anarchie et les charges de la guerre sans le bénéfice de la gloire. Le trône actuel en est au même point pour la presse que pour les institutions démocratiques. Il voit le mal, il en meurt, et il n'y peut rémédier sans détruire son essence et la condition même de son existence.

Lorsque, moi-même, je défends contre lui la liberté de la presse, qu'on ne m'accuse pas d'être infidèle à mes principes; car voici ce que j'imprimais en 1828 : *Le caractère constant, invariable de la presse, c'est d'être toute puissante pour renverser, impuissante pour soutenir. Munie d'excellentes armes offensives, mais privée d'armes défensives, elle a tous les moyens de détruire et pas un de conserver. Il en résulte qu'on ne peut ni la louer ni l'accuser comme généralement bonne ou mauvaise en soi; qu'elle est très-bonne et très-utile sous un mauvais gouvernement; mauvaise et dangereuse sous les bons gouvernemens* (1). L'on voit que je suis très-conséquent et très fidèle à mes doctrines, lorsque je déclare qu'aujourd'hui la liberté de la presse est excellente.

Je répéterai, en terminant, qu'en me décidant à publier cette brochure, il m'a paru que je ne pouvais compromettre que moi, et que s'il lui arrive, comme à ses aînées,

(1) *De l'état des partis dans les Chambres*, page 151.

d'être peu utile, je pense qu'elle ne nuira pas; je crois même que dans les fortes convictions, non point reçues en aveugle, mais fondées sur des motifs qu'on fait connaître, il y a toujours quelque chose à gagner pour les hommes de bonne foi et de conscience des autres opinions.

Qu'un adversaire qui ne reçoive aussi d'inspiration que de sa conviction et de l'amour de son pays, m'oppose les motifs sur lesquels il appuie l'opinion contraire, et qu'un homme impartial, s'il en est en France, juge entre nous. Je lui promets, au besoin, d'être moi-même ce juge impartial, et s'il me démontre que la France peut être gouvernée, et, par conséquent, libre et heureuse, paisible et forte avec les doctrines libérales et démocratiques, je me fais libéral.

TABLE.

FIN DE LA TABLE.

DES

CAUSES ET DES RÉSULTATS

DE

LA RÉVOLUTION

DE 1830.

PREMIÈRE PARTIE.

DES CAUSES DE LA REVOLUTION DE 1830.

QUELLES sont les causes de la révolution de 1830? *Les ordonnances de juillet*, dit-on de toutes parts; *c'est Charles X lui-même qui s'est suicidé*. La plupart des hommes, même parmi les plus sensés, sont toujours portés à croire, malgré les précautions de la logique, que ce qui arrive après un évènement, arrive *à cause* de cet évènement. Cette méthode est plus facile en effet; il est si commode de juger d'après l'évènement et de condamner les malheureux!

Les ordonnances de juillet, et la sédition qui les a suivies, ne sont pas plus la cause de la révolution de 1830 que le renvoi de M. Necker et la sédition du 14 juillet ne sont la cause de la révolution de 1789. Je vois, dans ces deux circonstances, les premiers actes d'une révolution dont les causes existaient depuis plusieurs années, et non la cause de cette révolution. On eût dit aussi bien, dans l'antiquité, que la bataille d'Arbelles était la cause de la ruine de Darius et de sa dynastie, comme si, lorsque l'ennemi a envahi votre territoire et a déjà pénétré jusqu'au cœur du royaume, c'était un moyen de salut que de s'interdire toute résistance et de le laisser sans obstacles achever sa conquête; comme s'il ne valait pas mieux alors risquer une bataille qui vous sauve si elle est gagnée, qui ne vous fait pas mieux périr si elle est perdue. Telle était la position de Charles X! Une ville assiégée n'a plus de moyens de se défendre : on livre une bataille pour la sauver; on perd la bataille, et la ville est prise. Est-ce à dire que la bataille perdue soit la cause de la prise de la ville? Non, disons plutôt que le seul moyen de la sauver a été tenté, et a échoué, soit par la faute de l'exécution, soit par la faute du sort. L'on accuse donc injustement Charles X de s'être suicidé; mais à combien d'autres est-il juste d'appliquer ce reproche!

Louis XVIII s'est suicidé dans sa dynastie, lorsqu'il a fait présenter en son nom et adopter une loi d'élection démocratique, combinée de manière à éloigner de la Chambre les vrais amis du trône, et lorsqu'il a nommé soixante pairs pour empêcher de réparer cette faute quand il en était encore temps.

La Chambre des pairs s'est suicidée, lorsque, dans son envie enfantine de popularité, elle a joué à l'opposition et s'est jointe (union contre nature!) à la démocratie, pour renverser le ministère défenseur des idées monarchiques et aristocratiques, et pour faire triompher les idées libérales. Elle recueille aujourd'hui le fruit de ce vertige.

Ils se sont suicidés, les royalistes de toutes nuances qui se sont enrôlés, à quelque époque que ce soit, dans l'armée libérale, dont ils furent, après la victoire, dédaigneusement repoussés.

Les gens de cour se sont suicidés lorsqu'ils ont niaisement voulu faire du libéralisme, sans s'apercevoir que le libéralisme est incompatible avec leur existence.

La foule des commerçans et des industriels s'est suicidée, lorsque, devenus les soldats et les courriers du libéralisme, ils ont attaqué de tous leurs efforts, et détruit enfin ce régime de bonheur pour le pays, et de fortune pour eux, auquel ils devaient une prospérité dont la France n'avait point encore vu d'exemple.

C'est dans les fautes de tous ceux que je viens de signaler; c'est dans la situation, antérieure aux ordonnances, qui était la conséquence de ces fautes, qu'il faut chercher les causes de la catastrophe, et non pas dans les fautes de Charles X et dans les ordonnances. Il me paraît évident que l'évènement n'a point fait la situation, mais l'a déclarée; qu'il n'a point pourri en un moment ce sceptre, brisé en morceaux au premier choc, mais a fait voir qu'un mal, déjà ancien, l'avait intérieurement, et rongé jusqu'au cœur.

Je vais développer ces pensées, et j'essaierai de prouver que le mal ne peut être attribué ni à la conduite de Charles X ni aux ordonnances, et que le germe en existait avant son règne.

§ Ier. La conduite antérieure de Charles X est-elle une de ces causes?

La bonté de Charles X, son amour pour son

peuple, sa bienfaisance, son affabilité, sa piété, ses vertus domestiques, mettaient sans doute sa vie privée à l'abri de toute censure. Sa vie publique, sa conduite politique a-t-elle donné plus de prise aux attaques de ses ennemis? Voyons les faits.

Qui ne se rappelle les craintes qu'avant même l'avènement de Charles X, l'injustice de ses ennemis répandait déjà contre le gouvernement futur? Il livrerait, disait-on, la France et lui-même à quelques favoris. L'évènement démentit cette prédiction. Nous l'avions vu précédemment sujet aussi fidèle que soumis, ne s'opposant que par ses conseils à une marche et à des mesures dont il pressentait les dangers pour l'avenir; car il savait que plus on est élevé et près du trône, plus rigoureux est le devoir de la soumission et de la fidélité, dont le premier sujet du roi doit l'exemple à tous les autres.

En montant sur le trône, il résiste au désir naturel de confier la direction des affaires à ses confidens politiques; et faisant céder ses affections privées, il garde les conseils du roi son frère, qui conduisaient le royaume au plus haut point de prospérité. Lorsque dans la suite l'opinion, égarée par la presse, se lasse du bonheur de la France, et repousse, dans ses vertiges, les ministres qui l'avaient rendue fortunée au dedans, paisible et en même temps considérée au dehors, Charles X va-t-il tenter un coup d'Etat pour maintenir son gouvernement dans les principes qu'il croyait seuls utiles à la France ? Non : il cède, il sacrifie ses convictions, il fait abnégation de lui-même et de ses opinions; il change son système et ses ministres, et suit franchement la direction nouvelle qui lui est conseillée. Il accorde tout ce qu'on lui demandait. Au prix des satisfactions données à l'opinion, on lui avait promis un règne paisible, heureux, chéri. Il s'aperçoit bientôt que ce qu'il a accordé est compté pour rien, ou plutôt n'est compté que comme un moyen d'obtenir davantage; que le parti qu'il a cru satisfaire fait toujours succéder une exigence à une concession, qu'il marche toujours en avant de session en session, et qu'il ne s'arrêtera que tombé avec lui au fond du gouffre démocratique; que l'opinion, c'est-à-dire la presse, son tyran (1), est aussi irritée contre ses ministres que contre les précédens; que son

(1) Qu'on relise les journaux des sept premiers jours d'août 1829, et l'on verra que tous les journaux sans exception (sauf *le Messager*, qui venait alors d'être créé pour être ministériel) attaquaient vivement le ministère qui fut remplacé le 8 août.

gouvernement n'éprouvait pas moins d'embarras et d'obstacles; que son sacrifice avait donc été inutile, et que le système où il était entré, contre ses propres lumières, au lieu d'être suivi des avantages qu'on lui avait promis, l'entraînait au contraire vers les dangers et les maux dont la prévision l'avait dirigé vers un système contraire.

Charles X, confirmé par cet essai dans ses premières idées, revint alors à ses opinions et aux hommes qui les partagent, et, quoi qu'en ait dit la calomnie, ni ces opinions, ni ces hommes n'étaient contraires à la Charte du royaume. Les véritables violateurs de la Charte ne se trouvèrent alors que dans la majorité de la Chambre des députés, dans ces 221, qui ne respectèrent pas le droit constitutionnel du roi de choisir ses ministres, et qui voulurent le contraindre à les renvoyer, sans alléguer un seul fait, sans pouvoir leur reprocher l'apparence d'un acte illégal. Et, en effet, leur administration était parfaitement constitutionnelle, comme, au reste, toutes celles qui ont gouverné sous le règne de Charles X (je laisse en dehors les ordonnances, les avis étant partagés sur le sens de l'art 14, et par conséquent sur leur légalité). Admirons ici combien on abuse par les mots les peuples les plus spirituels. La Chambre des députés réclamait la Charte, scrupuleusement respectée par le roi et ses ministres, et elle seule la violait dans sa lettre et dans son esprit.

Si cette conduite doit paraître sage à tout homme impartial, où donc trouver dans la vie publique ou privée du roi, le sujet d'une critique fondée? Faudra-t-il, pour découvrir un reproche à lui faire, accuser sa sincère piété? Honneur au roi qui n'en a point mérité d'autre; honte pour le siècle et le pays où l'on fait un crime de la vertu. Peut-on du moins accuser sa piété d'excès imprudens? Trouvera-t-on la preuve de cette exagération dans l'accomplissement public de quelques devoirs religieux? Eh! mon Dieu, ces actes de religion qu'on lui reproche si amèrement n'ont-ils pas été remplis par les princes même les plus vicieux, ce qui prouve qu'on les regardait comme une cérémonie indispensable? L'un des aïeux du roi des Français, le duc d'Orléans régent, qui ne plaçait pas ses excès dans la piété, communia publiquement à sa paroisse, suivit la procession du vœu de Louis XIII, et aima mieux ajouter au scandale de sa vie libertine et de ses orgies le scandale d'un sacrilége public, que de se dispenser de ce qui était imposé comme un devoir de la royauté : et cependant il n'était que régent.

Disons-le donc hautement : avant les ordonnances, Charles X n'a mérité aucun reproche ni dans sa vie privée ni dans sa vie publique; je puis défier ses implacables ennemis et ces libelles quotidiens, qui se sont, avec tant de fureur, acharnés sur la victime abattue, de citer un acte illégal, un grief réel, un tort grave dans le règne de ce prince. A-t-on plus de reproches à faire à l'auguste famille qui l'entourait? Où trouvera-t-on une réunion plus complète de toutes les vertus, de la plus exquise bonté, du plus noble courage dans le malheur le plus obstiné, et des plus belles qualités de l'âme? Ces vertus, ces qualités, précieux héritage d'une noble race, si, par notre ingratitude, elles ont été perdues pour nous, elles se renouvellent et se transmettent encore; elles croissent pour la France.

§ II. Les ordonnances sont-elles la cause réelle?

Si la conduite antérieure de Charles X n'a pas dû préparer la catastrophe dont nous avons été témoins, c'est donc aux ordonnances seules qu'il faut l'attribuer.

Oui, si les ordonnances étaient inutiles, si le trône et la constitution n'étaient pas en danger; si, en cas de danger, l'un et l'autre pouvaient être sauvés sans un coup d'Etat. Non, si les ordonnances étaient nécessaires, si le trône, la dynastie, la constitution allaient périr; si les attaques illégales des ennemis de la monarchie n'avaient laissé au roi que la ressource d'un coup désespéré. Qu'importe en effet qu'on périsse de l'opération, ou des progrès du mal?

Quelle était la situation des affaires à l'époque des ordonnances? De là dépend la solution de cette question.

La Chambre avait été cassée, parce que la majorité avait été hostile; les élections venaient de renvoyer une majorité plus nombreuse et plus hostile : la Chambre devait s'assembler le 3 août.

Charles X ne pouvait gouverner avec cette Chambre, qu'en composant un ministère en harmonie avec la majorité, c'est-à-dire, en prenant à peu près les mêmes hommes qui dirigèrent, après le 7 août, le gouvernement de Louis-Philippe, et aussi en adoptant le même système; car ce ministère ne pouvait se dispenser de commencer par faire à son parti les mêmes concessions démocratiques consignées dans la Charte modifiée du 7 août. L'on peut donc juger de la situation où se serait bientôt trouvé Charles X par celle où nous voyons Louis-Philippe. Or, si depuis dix-huit mois, deux ou trois ministères ont été renversés, si le trône même est ébranlé, chancelant, sans autorité, sans force, sans considération, que serait-il arrivé de la royauté de Charles X! Si le parti libéral en a agi de cette manière avec un roi qu'il regarde comme sien, un roi de sa façon, qu'il chérissait comme son nouveau-né, et qui, par sa conduite et sa position personnelles, comme par ses titres de famille, devait rencontrer des sympathies à tous les dégrés de l'échelle révolutionnaire; si, malgré tant de titres à leurs faveurs, ce prince a été contraint de leur jeter pour pâture deux ou trois ministères; si les journaux, les caricatures, les émeutes ont troublé ses jours et ses nuits; s'il a été forcé de leur livrer jusqu'aux armes de sa race, et de dégrader lui-même son propre palais, dépouillé de l'honneur de ses fleurs de lis; si, enfin, ils ont ainsi traité leur ami, croit-on qu'ils eussent respecté la couronne d'un roi objet de leur haine et de leur défiance, et sous lequel ils auraient sans cesse tremblé pour des concessions évidemment extorquées par la force? Qui peut douter que, dans cette position, le trône de Charles X dût s'écrouler quelques mois plutôt que celui de Louis-Philippe?

Charles X, livré à une Chambre et à un ministère ennemis, se serait trouvé dans la même position que Louis XVI en 1792 : le résultat eût été pareil. Louis Philippe, au milieu de ses amis, se soutient à peine sans qu'on lui ait fait la guerre. Que serait-il arrivé d'un roi entouré de ses ennemis et violemment attaqué? Périr pour périr, il valait mieux que ce fût en se défendant, qu'en cédant lâchement. Une lutte ouverte offrait une chance de salut; les concessions n'en offraient plus.

Il me paraît évident que la délibération du 7 août, prise par cette même chambre que Charles X était forcé d'associer à son gouvernement, doit démontrer le danger qu'il courait, malgré toutes les dénégations à ce sujet, malgré toutes les assurances que le ministère seul était menacé par les 221 et leurs successeurs. Un fait certain, c'est qu'ils étaient les plus forts, et pouvaient atteindre leur but, quel qu'il fût. Quel était ce but? Je ne m'étonne pas qu'avant le 29 juillet et le 7 août, il pût y avoir incertitude à cet égard. Mais ce qui était douteux alors, est devenu fort clair depuis la révolution de juillet. L'opposition a vaincu dans la lutte engagée; elle s'est trouvée la maîtresse d'agir; elle a été en mesure d'accomplir sa volonté, et l'on a vu quelle était cette volonté. Ce qu'elle a fait, c'était donc ce qu'elle voulait, et les actes ont alors pleinement éclairci les intentions précédentes.

Assurément, la chambre de 1830 aurait eu beau jeu contre les ministres de Charles X (car le roi ne pouvait avoir tort constitutionnellement), assurément, ces ministres auraient pu être sévèrement poursuivis, et auraient été fort difficiles à défendre, si la chambre avait pu leur dire après la victoire : « Vous le voyez, nous sommes les « plus forts, nous sommes les maîtres ; nous n'en « reconnaissons pas moins les droits du roi ; fi« dèles sujets et députés constitutionnels, nous « avons respecté sa couronne et la Charte ; nous « nous sommes contentés de demander le chan« gement du ministère, et de vous mettre cons« titutionnellement en accusation. Vous aviez « donc tort de persuader au roi que nous en « voulions à son trône, que nous menacions la « Charte. L'évènement a prouvé que vous seuls « étiez en danger ; qu'il n'y avait aucun risque « pour S. M, et que par conséquent, vous êtes « coupables d'avoir traîtreusement entraîné le « roi à signer la violation de la loi fondamentale, « dans votre intérêt personnel, en lui persua« dant qu'il était attaqué, tandis qu'en réalité, « vous l'étiez seuls. »

Quelque habiles que fussent les défenseurs des ministres, je crois qu'ils auraient été embarrassés de répondre à une semblable accusation, et qu'il ne leur serait resté d'autres moyens de justification que d'alléguer les bonnes intentions de leurs cliens, trompés sur le but de l'opposition libérale. Mais, si une telle conduite du parti libéral eût accusé et condamné les ministres, la conduite contraire les justifiait et devait les absoudre : car elle prouvait que le danger était réel, elle prouvait la nécessité d'employer les seuls moyens possibles de le combattre. Oui, le roi était attaqué, car il a été détrôné. Oui, la constitution était menacée, car elle a été mutilée et brisée. Oui, l'Etat était en danger, car le triomphe des libéraux, en substituant la base mobile de la souveraineté du peuple à la base immuable de l'hérédité légitime, en remplaçant une charte monarchique et aristocratique par une charte démocratique, a détruit toutes les garanties, et compromis toutes les existences.

Une seule réponse a été opposée à ce puissant argument. Non, disent les députés du 7 août, nous ne voulions renverser ni le trône ni la Charte; mais Charles X, en manquant à ses sermens, nous a dégagés des nôtres. Je leur répondrai : Si vous respectiez la Charte et notre monarchie constitutionnelle, comment auriez-vous pu croire qu'aucun acte de Charles X, quel qu'il fût, vous donnât des droits contre lui? Les ministres seuls sont responsables; le roi ne peut mal faire; voilà ce que vous avez tous proclamé mille fois; voilà ce que disaient vos journaux; voilà le principe fondamental que vous reconnaissiez tous. Le roi a été trompé; il faut sévir contre les ministres ses conseillers: voilà ce que vous deviez dire et faire, si vous étiez fidèles à la Charte et à vos sermens. Le roi, dites-vous, vous a dégagés de vos sermens en manquant aux siens; mais quand ce parjure eût été réel, quand il vous eût donné le droit d'en faire retomber la faute sur le roi; dans cette supposition même, qui vous dégageait de vos sermens envers la Charte? Depuis quand un parjure en autorise-t-il un autre? N'est-t-il pas arrivé plusieurs fois qu'à Sparte, un roi, accusé d'avoir violé les lois et trahi ses sermens, a été banni et même puni de mort (car il n'y avait pas là de ministres responsables); mais les Spartiates, en punissant leur roi d'avoir violé la Constitution, se sont-ils crus, pour cela, dégagés de leurs sermens à cette Constitution qu'ils tenaient d'un des rois précédens; se sont-ils crus autorisés à la violer eux-mêmes? ils n'en eurent pas la pensée, et auraient puni le téméraire qui l'aurait proposé. Quant à vous, vous n'étiez point constitutionnellement dégagés de vos sermens au roi, même quand il eût violé les siens.

Vous étiez encore moins dégagés de votre fidélité à cette Charte que vous aviez jurée. Etait-ce donc seulement la Charte du roi? N'était-ce pas la Charte de la France? Tout votre parti avait-il d'autre cri que *vive la Charte?* Vous avez détrôné votre roi, vous avez brisé votre Constitution, parce que vous vouliez l'un et l'autre. Vous avez été les seuls parjures. Quand je dédaignerais de m'armer contre vous de l'aveu de la comédie de *quinze ans*, tous vos éloges de ceux qui ont hautement conspiré contre la restauration, les honneurs rendus à leurs cendres, les faveurs faites à leur famille, les grades et décorations récompensant les révoltes de 1815, voilà plus de preuves qu'il n'en faut, que vos protestations pour le roi et pour la Charte ne furent jamais qu'une indigne hypocrisie; et j'ai le droit de conclure que la mojorité de la Chambre cherchait à renverser le trône et la Charte, puisqu'ils l'ont accompli dès qu'ils ont été les plus forts.

Une fois qu'il est établi que la Chambre qui allait se réunir menaçait le trône et la Charte, c'est-à-dire, la monarchie constitutionnelle, la nécessité des ordonnances est démontrée. Il est inutile alors d'examiner si le moyen employé était régulier et légal, comme tiré de l'art. 14, ou s'il était irrégulier et extra-légal, mais commandé par la nécessité. Si le péril était réel et si les lois ne fournissaient pas les moyens de s'y soustraire, le roi et ses ministres avaient le droit, avaient le devoir de sauver ces objets sacrés par des mesures extra-légales. Dans une semblable position, tout moyen est bon à un gouvernement pour s'empêcher de périr, tout moyen est légal, et il n'est pas besoin que des lois positives l'aient indiqué d'avance. Si donc le péril existait, il fallait se servir de l'art. 14 ou le suppléer. Si le péril n'existait pas, les moyens employés seraient un crime, les ministres seraient coupables et dignes de punition, même en reconnaissant que l'art. 14 autorise des actes extraordinaires; car il ne les autorise *que pour la sûreté de l'État*, c'est-à-dire quand cette sûreté est compromise, quand il y a péril certain. Nous disons donc : S'il y avait nécessité, les ordonnances ont dû être rendues avec ou sans l'art. 14; s'il n'y avait pas nécessité, il n'y a pas d'excuse, même avec le sens le plus étendu de l'art. 14. Or, je viens de prouver cette nécessité démontrée par la conduite de la Chambre après le succès de sa résistance.

Ce ne seront assurément pas les auteurs de la révolution de juillet qui nieront ces droits de la nécessité, dans leur plus grande extension.

Quelle loi leur donnait le droit de se révolter contre l'autorité du roi? Ils vous diront que c'est *la nécessité*, au défaut d'un moyen légal de résistance à l'oppression. Qui leur a donné le droit de changer la dynastie? Ils disent que c'est *la nécessité*. Qui leur a donné le droit de renverser cette Charte jurée par tous les Français? *La nécessité*, apparemment; car je ne leur connais point d'autre droit qu'ils aient reçu ni des lois ni des hommes. Qui les a autorisés à mutiler la Chambre des pairs, et à changer en usufruit sa propriété éternelle? *La nécessité*. Qui leur a donné le droit de choisir pour ce peuple, dont ils proclamaient la souveraineté et dont ils n'avaient aucune mission *ad hoc*, un roi plutôt qu'une république, tel roi plutôt qu'un autre? *La nécessité*. Voilà leur seule réponse, leur seul titre et leur seule justification pour des actes qui seraient au nombre des attentats les plus coupables, s'ils n'avaient pas cette excuse à donner. Une loi a décidé que cette nécessité existait, et je ne prétends pas la contester; mais encore, faut-il en conclure que la nécessité donne d'immenses pouvoirs, qui ne sont compris dans aucune loi. Les auteurs de la royauté de juillet ont donc plus d'intérêt que Charles X à reconnaître que la nécessité justifie tout, et moins de facilité peut-être à démontrer que cette nécessité existait. La Chambre a usé de pouvoirs extraordinaires pour briser le trône et la Charte; Charles X en usait pour conserver l'un et l'autre. N'est-on justifié que dans le cas où il s'agit de détruire?

Charles X a connu leurs projets, qui menaçaient non-seulement le trône, mais la France, que leurs succès devaient plonger dans les plus grands malheurs; il a tenté d'être le plus fort, et n'eût rien gagné en cédant. Si Charles Ier avait refusé son consentement à l'exécution de Strafford, et s'était épargné des remords qui l'ont suivi jusqu'à son dernier jour, n'aurait-on pas dit que son refus avait été la cause de sa perte? a-t-il été mieux sauvé?

Si Charles X avait cédé, au lieu de tomber violemment du trône, il en serait ignominieusement descendu de faiblesse en faiblesse. Valait-il mieux prolonger son supplice?

Puisque le roi était engagé dans un défilé sans issue, périssant également par la faiblesse et par la résistance, ce sont les causes qui l'avaient conduit à cette déplorable extrémité, qui sont les causes de la révolution.

§ III. Véritables causes ; la loi du 5 février 1817, la presse, la centralisation.

Deux causes précipitaient le monarque dans un abîme qu'il ne pouvait éviter : la licence des journaux et une loi d'élection démocratique ; c'est contre elles que furent dirigées les ordonnances.

Je ne répéterai pas ce que j'ai dit en différentes occasions sur les effets de la presse périodique ; je rappellerai seulement que, toutes les fois qu'elle a été libre, un combat à mort a aussitôt commencé entre elle et l'autorité ; qu'elle a tué la royauté constitutionnelle de 1791 ; puis les girondins vainqueurs de cette royauté ; qu'elle a ensuite été tuée trois fois : par la terreur, puis par les canons du 13 vendémiaire, et, de nouveau, par les déportations du 18 fructidor ; qu'ayant reparu, après un intervalle de plus de vingt ans, elle a tué le ministère de 1819, et ébranlé le trône restauré ; qu'elle a tué le ministère Villèle, puis le ministère Martignac, puis enfin, à la fois, le ministère, le trône, la Charte, c'est-à-dire la monarchie constitutionnelle ; qu'elle a tué le ministère Broglie et Guizot, et puis le ministère Laffitte ; ces deux derniers en quelques mois, et que le troisième n'est guères plus vivant, non plus que le trône populaire; c'est-à-dire que durant les vingt ans environ où les journaux ont été libres, depuis 1789, il est arrivé chaque fois, qu'en peu de temps, l'autorité a été tuée par la presse, ou ne s'est sauvée qu'en tuant la presse par un coup violent. Ces deux dénouemens, tentés à la fois par les deux adversaires qui sentaient que chacun d'eux ne pouvait plus vivre que par la perte de son ennemi, ont amené la lutte terrible et la catastrophe de 1830. Pour faire sentir, en un mot, toute la force de cette puissance malfaisante, il suffit de rappeler que la presse était parvenue en peu de temps à faire passer le faible et infortuné Louis XVI pour un tyran altéré du sang de son peuple, et qu'elle avait dernièrement créé cette désaffection qu'au moment de la crise, Charles X et sa noble famille rencontrèrent, dans la population de Paris et des environs, parmi des hommes témoins journaliers de leurs vertus, et comblés de leurs bienfaits.

Quant à la loi d'élection, elle avait été combinée dans un esprit démocratique, ce qui devait finir par livrer toute l'influence à la classe moyenne, incapable d'une instruction pratique sur les affaires publiques, passionnée pour le changement et le désordre, dont elle espère son élévation au sommet, comme si elle avait pu jamais s'y tenir. Cette loi annulait ainsi toute l'influence, et des classes supérieures, intéressées à l'ordre et à la stabilité, et des classes inférieures, capables, sans doute, de troubler un instant le repos public par l'attrait du pillage, mais qui ne peuvent se laisser entraîner à de longs désordres par le rêve de gouverner l'Etat. Il s'ensuit que la loi d'élection du 5 février 1817, dont les effets subsistaient pour les trois-cinquièmes, donnait la majorité, et par conséquent l'influence précisément à la classe la plus dangereuse pour l'ordre public, quand elle a le pouvoir, et toujours amie des révolutions, croyant y avoir son intérêt.

La révolution, longuement préparée, a éclaté à l'occasion des deux ordonnances dont le but était de changer la situation de la presse et la loi d'élection. La presse aurait pu être réglée régulièrement, si la loi d'élection avait envoyé une chambre amie de l'ordre et du repos public. La loi d'élection seule a donc nécessité l'emploi d'un remède violent et extraordinaire : la loi d'élection du 5 février 1817, et l'ordonnance du 5 septembre, dont elle était la suite, et la création de pairs qui en fut la conséquence, voilà donc les véritables causes de la révolution de 1830, et ces causes existaient avant le règne de Charles X ; il n'en est donc point coupable. Si le trône a péri, ce n'est point parce que la bataille a été livrée, mais parce qu'elle a été perdue ; il n'y avait plus qu'une bataille gagnée qui pût le sauver.

Ces causes ont amené directement la catastrophe ; mais elle n'eût point été si complète et si rapide sans une autre cause qui l'a consommée, en rendant la résistance impossible ; c'est cette absurde centralisation, dont l'assemblée constituante a préparé tous les fléaux, en divisant la France en départemens à peu près égaux, et rompant tous les liens des provinces cimentés par le temps. Ce nivellement général a frayé les voies de la tyrannie, qui a pu sans obstacle tout centraliser à Paris. Cette ruine des agrégations et des centres de provinces a privé la France de toute force contre les malheurs extérieurs et intérieurs. Le reste de la France a été réduit à singer les mouvemens de Paris, à répéter strictement tous ses gestes, comme l'image vue dans une glace. Depuis cette époque les provinces, ou plutôt les départemens n'ont pas eu une volonté, pas même une pensée ; ils ont changé de gouvernement dix fois depuis quarante ans, sans savoir pourquoi, presque toujours contre leur gré, à commencer par le 10 août 1792, et à finir par le 29 juillet 1830. Comment en effet un quatre-vingt-sixième de la France aurait-il pu entreprendre d'organiser seul une résistance? Que pouvait une si faible fraction? Les départemens voisins de Paris suivaient le mouvement, et tous les autres à la file. Comment auraient-ils eu l'idée d'agir spontanément sur un objet important, quand, depuis le chef-lieu jusqu'au plus petit village, ils ne pouvaient se permettre la moindre action, la plus indifférente décision sur le plus petit objet d'intérêt local, sans un signal de Paris? Aussi toute la France étant concentrée dans Paris, plus de force, plus de ressource hors de ce petit point du royaume. Paris tombé, la France tombait en même temps au pouvoir de l'étranger ou d'un parti. Est-ce assez rapetisser notre patrie, que de la réduire à l'enceinte d'une ville! Il n'en était pas ainsi dans notre ancienne France. Un roi d'Angleterre régna seize ans dans Paris; les provinces sauvèrent la France et son roi. Guise et la Ligue, et plus tard la Fronde, chassèrent le roi de France de Paris, et y firent régner une faction; les provinces n'abandonnèrent pas leur roi, lui conservèrent son trône, et le ramenèrent triomphant dans Paris.

Quel changement aujourd'hui! la grande centralisation de Paris se répète en détail dans les petites centralisations des chefs-lieux de préfecture, qui donnent le mouvement à tout le département. Là, un peu de populace, poussée par quelques avocats, fait la révolution en petit, toujours représentant exactement le modèle en grand. C'est ce qu'on a vu souvent de nos jours, mais jamais d'une manière aussi extraordinaire et aussi honteuse (il faut le dire) qu'en 1830. Qui le croira! Quelques milliers d'ouvriers et d'écoliers, maîtres de Paris par suite d'une sédition, changent le drapeau de la nation et arborent trois couleurs. Les départemens se couvrent aussitôt de bleu, de rouge et de blanc. Dans toute la France on change son drapeau sans savoir de qui l'on porte les couleurs. Est-on république, despotisme militaire, monarchie démagogique? L'on n'en sait rien, et pourtant, comme il faut un vivat, on crie : *Vive la Charte!* comme si l'on tenait à la monarchie constitutionnelle. Que veulent-ils, que demandent-ils, pour qui vont-ils se battre? Ils vous le diront à l'arrivée du prochain courrier. Ainsi les voilà jurant fidélité à..... à qui? Se livrant à des transports de joie, prêts à vivre et mourir pour....., pour qui? Pour le souverain qui va sortir des flancs de la malle-poste. Et, malheureusement pour la France, ce n'est point ici une fade plaisanterie, c'est une triste vérité, c'est le fait exact. Le drapeau a été reçu dans les départemens plusieurs jours avant qu'ils sussent le gouvernement qu'on leur donnait. Une trentaine de bourgeois de Paris avaient cette belle et noble France à leur disposition, comme une matière molle à laquelle ils pouvaient faire prendre la forme qu'ils voudraient. Ils en usaient avec notre illustre patrie comme le statuaire avec le bloc inerte dont il disait : *Sera-t-il Dieu, table ou cuvette?* Qu'il soit ce qu'il voudra; habitans des provinces, il est trop certain que ce qu'ils auront choisi sera précisément ce que vous désiriez, ce que vous servirez et aimerez à l'heure même; et qu'on s'étonne après cela que ces gouvernemens impromptus, que ces improvisations révolutionnaires ne soient pas appuyés sur ces racines que les anciennes habitudes, les vieux sentimens font entrer profondément dans le sol et dans les cœurs! Quelle honte pour mon pays de voir ses habitans (et précisément ceux qui crient le plus haut le mot liberté) se faire les muets esclaves de Paris, et accepter, les yeux fermés, tout ce qu'aura couronné Paris, fût-ce Néron, ou Claude; Robespierre, ou je ne sais qui.

Mais c'est s'arrêter trop long-temps sur des reproches que les provinces ont déjà cessé de mériter; elles pensent aujourd'hui toutes seules. Grâces à de nobles et fidèles Français qui leur ont créé des organes; grâces à d'habiles et courageux écrivains qui combattent de tous côtés pour la bonne cause, elles sont éclairées de leurs propres lumières, au lieu de recevoir le pâle reflet des clartés d'un foyer central qui les éclairait bien moins qu'il ne les égarait. Les provinces renverront à Paris les vraies et saines doctrines en échange des mauvais principes, le mal en échange du bien : c'est elles qui rameneront dans Paris le bon sens qui en a été banni; et la France, qui a été perdue par l'action de Paris sur les provinces, doit être sauvée par la réaction des provinces sur Paris.

DEUXIÈME PARTIE.

RÉSULTATS DE LA RÉVOLUTION DE 1830.

Si le but de cette partie était seulement de présenter les effets de la révolution de 1830, la tâche serait facile et courte ; il suffirait de dire : *Tout est mal, tout est très-mal;* car je défie qu'on cite un seul point de vue sous lequel la France ait gagné à cette révolution. Mais ce que je veux faire remarquer dans ce chapitre, c'est que, si tout est mal, c'est uniquement parce qu'on s'est écarté de nos principes ; c'est parce qu'au trône légitime, aux doctrines monarchiques et aristocratiques, étaient indissolublement attachés le bonheur et la prospérité de la France ; je veux enfin prendre mes adversaires eux-mêmes à témoin que la révolution de 1830 a décidé la question entre nos principes et les doctrines libérales.

§ I. Effets de la révolution dans l'intérieur.

Constatons d'abord les déplorables effets de la révolution de 1830. A la richesse a succédé tout d'un coup la misère; le commerce, florissant avant les journées de juillet, est dans la détresse; l'industrie, si active alors, est oisive; ces banquiers brillant de tant d'éclat avant cette révolution, n'attirent plus, après elle, les regards du public que par l'éclat de leurs banqueroutes. Avant, les consommations se multipliaient, l'ordre et le calme régnaient dans toute la France, les recettes publiques étaient abondantes et d'une perception facile; depuis, l'on a à déplorer les consommations décroissant, le désordre et l'inquiétude troublant toute la France, les recettes publiques diminuées et difficiles à recouvrer. Opposez les contributions ordinaires pourvoyant facilement à l'état militaire que restreignait la certitude de la paix, à la nécessité d'un budget extraordinaire, et à l'insuffisance des recettes pour maintenir des armemens considérables, nécessités par l'état inquiet et agité de l'Europe.

Au lieu du calme et de l'ordre le plus régulier, nous voyons partout des violences contre les juges, contre les églises, contre les prêtres, contre les jurés, contre les électeurs, contre les citoyens inoffensifs, contre les percepteurs des deniers publics, contre leurs registres et leur mobilier, contre les organes de la presse, contre les presses elles-mêmes; la royauté obligée de faire effacer partout le mot *royal;* un gouvernement adressant aux départemens des dépêches télégraphiques que les préfets s'empressent d'envoyer dans toutes les villes, que les maires s'empressent de faire afficher sur tous les murs; et quand les curieux accourent pour connaître les importans événemens annoncés avec tant d'éclat, la grande nouvelle est que le 14 juillet, que le 28 juillet, que tel ou tel autre jour Paris a été tranquille : la tranquillité, si ordinaire sous le gouvernement précédent, voilà ce qu'il y a de nouveau sous celui-ci; c'est l'extraordinaire à présent; aussi faut-il s'en vanter! Nous voyons un roi donnant des décorations qu'on ne veut pas tenir de lui, et qu'on porte, malgré sa défense, sans lui prêter serment; des régimens mal disciplinés agissant chacun à leur fantaisie, tantôt sévissant contre les émeutes, tantôt les regardant sans s'en mêler, tantôt prenant le parti de s'y joindre; les théâtres insultant à leur gré la religion et ses ministres, les mœurs, la décence; et le ministère n'opposant rien à ce dévergondage, quoiqu'il sache où retrouver les ciseaux de la censure quand la licence s'étend jusqu'à lui.

Nous voyons la loi de l'avancement souvent violée, cette loi si respectée par M. le Dauphin, et trop scrupuleusement peut-être ; nous voyons les visites domiciliaires, que la loi n'autorise qu'avec le concours de la justice, qu'après un crime commis, pour en chercher les traces chez le *prévenu*, faites sans l'intervention de la justice, sans qu'il y eût de crime commis, sans qu'il y eût de *prévenu*, et dans le but de trouver un crime dans les secrètes pensées de ceux qui étaient *suspects* à l'autorité : on retrouve ici des souvenirs d'une ancienne législation (1).

(1) Même après la prévention d'un délit, les visites ne sont autorisées que quand elles peuvent fournir des éclaircissemens sur ce délit. Ainsi, lorsqu'un haut personnage a fait arrêter et poursuivre un particulier dont le cabriolet l'avait effrayé, la visite des papiers de ce particulier ne pouvait donner aucun éclaircissement sur ce fait, et alors cette visite n'était pas autorisée par la loi ; car voici le texte de l'article 36 du Code d'instruction criminelle : « Si la nature du crime ou du délit est telle que la preuve puisse « vraisemblablement être acquise par les papiers ou autres « pièces et effets en la possession du prévenu, le procureur « du roi se transportera de suite dans le domicile du pré« venu pour y faire la perquisition des objets qu'il jugera « utiles à la manifestation de la vérité. »

Mais c'est surtout dans les finances si régulièrement conduites sous Charles X, sur cet article capital, et qui touche aux racines mêmes du gouvernement représentatif, que nous voyons les plus fâcheux effets de la révolution, et qu'ont été commises les plus monstrueuses illégalités. Dès le début, la fortune publique mise au pillage pour gorger ceux qui avaient été les instrumens de l'élévation du nouveau trône ou de la chute du précédent. On sait que M. Benjamin-Constant a reçu 200,000 fr., les autres ne sont pas connus, deux ou trois ont nié avoir eu part à la distribution; mais il est notoire que les neuf millions touchés sans droit en dehors de la liste civile, lui ont été abandonnés en considération de ces dépenses politiques, et que la fortune publique a fait les frais de la reconnaissance privée.

Ce qui est plus grave, toutes les dépenses du gouvernement faites volontairement durant deux ans, sans examen, sans discussion, sans l'approbation des chambres. Je dis volontairement, car en admettant même que cela fût forcé pour 1831 (quoiqu'il fût facile de s'arranger pour n'avoir que quelques mois, et non pas cette année tout entière en provisoire), il est évident qu'il ne devait pas y avoir un jour de provisoire en 1832. Le gouvernement établi dix-sept mois avant le

1er janvier 1832, et qui, à l'exception de deux mois, je crois, a eu toujours les chambres assemblées, pouvait obtenir la loi de finances; car si quinze mois ne suffisaient pas pour faire un budget, il ne serait jamais possible d'y parvenir. C'est donc volontairement que le ministère aura fait des dépenses non contrôlées. Certes, ce serait là un cas de responsabilité ministérielle avec une charte-vérité et des chambres-vérité. Mais ces qualités, quand on prend tant de soin de les mettre sur l'enseigne, se trouvent rarement dans la boutique. Les chambres ont bien assez de soins personnels, sans s'inquiéter de surveiller les finances de l'État, de défendre l'argent et la liberté des contribuables.

A-t-on du moins réformé ce qu'on représentait comme des abus si crians sous Charles X? A-t-on accordé aux chambres cette spécialité de détails si souvent réclamée dans le budget, et qui, comme sous la restauration, existe de fait, mais non pas de droit? A-t-on affranchi l'enseignement de cette servitude dont on a tant accusé l'Université? A-t-on fait cette loi si souvent demandée sur la responsabilité des ministres? Après avoir mille fois déclamé contre *le brevet d'impunité* donné aux fonctionnaires par la loi qui défend de les poursuivre sans l'autorisation du conseil d'État, a-t-on changé cette loi? je ne sais si on en a même fait la proposition.

Ainsi, la révolution, sans nous donner aucun avantage, pas même les améliorations réclamées par le libéralisme, ne peut nous présenter pour résultats, que l'anarchie, objet de terreur pour tout ami de son pays, et la misère générale. On nous dispensera de donner plus de preuves de cet état de décadence et de malheur : il suffit d'ouvrir les yeux ; tout le monde le reconnaît, même les auteurs de la révolution de juillet; et ce n'est pas seulement ceux qui en ont été les dupes; ceux mêmes qui en ont tiré le profit (s'il y a du profit pour quelqn'un), ne dissimulent pas l'état d'anarchie et d'inquiétude où la France est plongée : au contraire, ils tâchent de l'exploiter à leur profit; car il est bon de remarquer une tactique du parti connu sous les noms de doctrinaire, résistance, juste-milieu, toutes dénominations qui se confondent dans celle de parti ministériel.

D'ordinaire, le ministère et ses amis vantent la sagesse et l'habileté du gouvernement, et vous font observer les précieux effets de ses bons soins, qui vous garantissent la sécurité et le bonheur de l'avenir. Tel n'est point leur usage aujourd'hui. On dirait au contraire qu'ils se sont donné le mot pour nous faire peur, pour noircir la position, et nous montrer dans l'avenir tous les maux suspendus sur nos têtes, le désordre, l'anarchie, la république, les pillages et les massacres populaires, la spoliation des successions, la terreur enfin : de manière qu'ils ne prétendent pas que leur présence au pouvoir nous donne la prospérité, mais nous cause moins d'adversité ; de manière que nous leur devons de la reconnaissance non pour les biens qu'ils nous font, mais pour les maux que d'autres ne nous font pas; de manière enfin, qu'il faut que tous, nous réunissions nos efforts pour les soutenir, non comme bons, mais comme devant être remplacés par de plus mauvais ; il y a encore plus de modestie que d'adresse dans cette tactique. Ainsi, par leur air sombre, leurs demi-mots d'effroi, leurs confidences terrifiantes, ils veulent engager la France à les garder pour sa sauvegarde, et à les défendre pour son salut. Mais par ces finesses, ils n'enrôlent à leur service que l'armée des peureux, et si elle est très-propre à grossir le nombre, elle est de peu de ressource dans les occasions.

Mais cependant, diront-ils, avons-nous tort de craindre le désordre, l'anarchie et ses suites affreuses?

Non, certes, ils n'ont pas tort. Je m'accorde avec eux sur ce point; mais voici où je diffère. On ne peut nier les maux présens et futurs; mais ils se donnent comme préservatif, moi je les donne comme cause passée, cause présente, cause constante. Les doctrines démocratiques, qu'ils ont toujours professées, qu'ils ont portées au pouvoir, amènent inévitablement l'anarchie à leur suite. Ils ont beau la haïr et s'en effrayer, ils la trouveront partout où ils seront pour quelque chose, parce qu'ils l'apportent avec eux. Aussi, quand ils se plaignent de voir toujours sur leurs pas l'agitation des esprits et le désordre, précurseurs des fureurs populaires et de la république, ils ressemblent à ces hommes qui, sortis d'un lieu où règne la peste, se plaignent de trouver la contagion partout où ils vont : je le crois bien, c'est eux qui l'apportent. Le moyen donc de garder les terreurs qu'ils nous inspirent, c'est de les garder eux-mêmes; le moyen de s'en préserver, c'est de les écarter, et de revenir aux doctrines conservatrices. Si les peureux savaient calculer, ils sentiraient qu'il vaut mieux une fois une secousse, même violente, que d'être toute sa vie à la veille ou au milieu des convulsions. Que les partisans du gouvernement cessent donc de dire, quand ils s'aperçoivent qu'ils plaisent peu : Regardez derrière nous, comme ils sont effrayans! On leur répondrait: Vous n'êtes guère plus rassurans : nous ne voyons derrière vous que vos doctrines personnifiées; les conséquences après les principes; les mêmes fruits, plus mûrs.

Et malheureusement ces fruits mûrissent avec une rapidité effrayante. Les habitans de Paris (et peut-être le gouvernement lui-même) ne soupçonnent pas jusqu'à quel point se sont étendus en France les progrès de l'anarchie. Ils ne croient le terrain miné que sur les points où il éclate, tandis qu'il l'est partout, et que de tous côtés, il menace d'une explosion. Certainement ce qu'il y a de plus déplorable dans le présent, c'est l'avenir qu'il nous prépare. La discorde et l'anarchie ont pénétré partout, dans la plupart des régimens de l'armée, dans presque toutes les communes de France. Dans l'armée, on dit que les sous-officiers ont plus d'autorité que les officiers. Dans les villages, les élections des conseils-municipaux et des commandans de la garde nationale ont créé deux partis, pour le moins, ont tout brouillé, tout bouleversé, et ce ne sont point les opinions politiques qui ont divisé; c'est la guerre, plus à la portée des campagnes, des pauvres contre les riches; ce sont les gens en vestes voulant se substituer dans le gouvernement du lieu à l'aristocratie des habits. Je puis citer un exemple curieux de cette disposition. Il existe dans une commune deux grands propriétaires, l'un royaliste, maître du château; l'autre possesseur d'une ancienne abbaye, appartenant à l'opinion du mouvement. Un notaire estimé dans son état, aisé, toujours disposé à obéir aux ordres du gouvernement régnant, et maire de la commune depuis la révolution de juillet, devait être regardé comme l'homme du juste-milieu. Ainsi les trois opinions étaient représentées, et l'on s'attendait à une lutte entre elles. Qu'est-il arrivé? Aucun des trois n'a été nommé membre du conseil municipal : ils ont été tous trois également exclus comme notables, et le gouvernement de la commune est remis à des hommes nouveaux. Malheureusement cette disposition, effet certain de la démocratie, s'applique en grand à la France, dans les élections générales, et nous promet au prochain renouvellement, une singulière direction politique, un gouvernement fort neuf, dont la Chambre actuelle nous donne déjà l'avant-goût.

Les effets désastreux de la révolution de 1830 ne se bornent pas aux matières politiques. Pour compléter le tableau de notre situation intérieure, je dois montrer, à côté de l'anarchie dans l'Etat, l'anarchie dans la religion, l'anarchie dans la littérature et les théâtres; car, lorsque le désordre des esprits s'est porté sur un point, il ne se borne jamais à ce seul objet, et la contagion gagne successivement tous les principes. C'est assurément des lumières du dix-neuvième siècle que devait sortir une idée aussi bizarre, aussi incroyable que celle de tirer une religion de ce faux principe d'économie politique (1) : *Le travail est la source de la richesse.* Première conséquence : il n'y a d'utile dans ce

(1) La confusion faite par Adam Smith entre la source de la richesse et l'un des moyens nécessaires de la richesse, a entraîné lui et son école dans une foule de théories erronées, toujours et partout démenties par les faits. Si le travail était la source de la richesse, il est certain que la richesse ne pourrait jamais être tarie que par le manque de travailleurs, ou leur refus de travailler. Que voyons-nous?

Je ne puis m'empêcher de remarquer en passant (quoique ceci soit étranger au sujet que je traite) que la révolution de juillet, par son effet sur la richesse nationale, a complètement démontré la fausseté du système des économistes actuels, système inventé par Adam Smith, rédigé par M. Say, et professé dans toute l'Europe. Suivant ce système, la richesse d'une nation se compose de son capital général, c'est-à-dire de tout ce qu'elle possède sans exceptions, de tout ce qu'on peut comprendre sous le nom de *meubles et immeubles*, et même de *produits immatériels*. Or, le capital général de la France n'a changé en rien, n'a rien perdu par

monde que ceux qui travaillent; ceux qui restent oisifs sont inutiles. Deuxième conséquence : tous les biens de ce monde doivent appartenir à ceux qui sont les plus utiles, c'est-à-dire aux travailleurs. M. de Saint-Simon avait bien conclu du principe d'Adam Smith, que son cordonnier était plus utile à la société que Mme la duchesse d'Angoulême : mais il ne s'était pas douté de sa mission divine; il ne se donnait pas pour le prophète d'une nouvelle religion, et le grand-prêtre d'une nouvelle Eglise. L'on voit que, pour celle-

la révolution de 1830 ; et quoiqu'il fût exactement le même au mois d'août qu'au mois de juillet, la richesse de la France avait disparu, et s'était changée en pauvreté.

De plus, dans ce système, le luxe des cours, des grands, des riches, est regardé comme une source de consommations improductives qui appauvrissent la nation. La révolution de 1830 ayant arrêté ce luxe et fort restreint toutes les dépenses improductives, a radicalement détruit cette cause d'appauvrissement; et la nation a dû, peu après, se trouver fort enrichie. On peut en juger.

Ce qui s'est passé depuis cette révolution, a au contraire pleinement confirmé les principes d'économie politique que j'ai établis dans divers ouvrages : il serait trop long d'en donner la preuve ici. Ajoutons que si l'école actuelle d'économie politique avait aussi mis en pratique son principe de la liberté du commerce, elle aurait fait voir une fois de plus ses talens pour ruiner un pays.

ci comme pour la messe en français, il n'a pas été besoin de l'intervention du Ciel.

Quant à la littérature, que dire d'un tel chaos, d'un débordement de folies absurdes, horribles, dégoûtantes, d'un dévergondage sans limites, d'un système si vanté, qui, livré sans entraves à tout son développement, n'a produit que d'informes ou d'infâmes rapsodies? C'est surtout depuis dix-huit mois que les hommes qui réfléchissent ont pu ouvrir les yeux sur la réalité de notre perfectionnement, et sur les avantages des idées si libérales de la jeune France; qu'ils ont pu décider si l'insuffisance de nos grands hommes politiques et littéraires n'égale pas leur orgueil : ce qui est tout dire.

Nos politiques et nos lettrés ont été délivrés des entraves qui les empêchaient de se produire. J'ai cru que nous allions voir tout d'un coup paraître ce génie que nous étouffions; que, puisqu'enfin le champ était libre et s'ouvrait pour eux, les trésors de leur habileté, si long-temps enfouis, allaient s'épancher sur nous; que nous allions être gouvernés dix fois mieux et avec dix fois moins d'argent; que tous les genres de prospérité allaient combler nos vœux; que les jeunes gens admis à la Chambre allaient nous accorder ces torrens d'éloquence qu'on desséchait si inhumainement; que les auteurs dramatiques, libres de la censure, allaient nous ravir, et éblouir la France de leurs chefs-d'œuvre; enfin qu'un nouveau paradis terrestre (et bien mieux organisé que l'autre, puisqu'ils s'en mêlaient) nous serait rendu. Après de si agréables illusions, qu'avons-nous vu? que voyons-nous? J'ai honte de le dire. J'ai commencé à dérouler le malencontreux tableau de nos progrès politiques. Quant à la littérature, quelle pauvre richesse romantique on a déployée devant nous! Rien n'a gêné, ni religion, ni mœurs, ni convenances, ni honnêteté d'aucun genre, ni règles, ni bon sens, et pourtant que de misères, de platitude et d'ennui! Que restera-t-il de ces grands travaux de notre grand siècle? Qui dans dix ans saura les noms des auteurs et les titres des ouvrages? Ils n'auront seulement pas le triste honneur d'atteindre à la célébrité d'Erostrate, même après avoir incendié le temple du Goût. Le mépris des antiques lois, la rage de tout recréer à neuf, le même esprit de dévergondage introduit dans le gouvernement, la religion et les lettres, a porté les mêmes fruits partout, et a perdu, en les égarant dans une fausse route, des talens dont les éclairs percent quelquefois cette sombre obscurité. Il faut appliquer au libéralisme ce que M. de Chateau-

briand a dit du protestantisme : « Rebelle à l'au-
« torité des traditions, à l'expérience des âges, à
« l'antique sagesse des vieillards, *le libéralisme*
« se détacha du passé pour planter une société
« sans racines (1). » Il serait impossible de mieux caractériser notre nouvelle école politique, religieuse et littéraire.

Je ne crois pas qu'on puisse jamais trouver un argument plus fort contre le système de perfectionnement que la vue de notre siècle. Les mêmes règles de perfectibilité qui ont amené les Grecs du siècle de Periclès aux temps du Bas-Empire, et les Romains, des temps d'Auguste au troisième siècle, ont conduit les Français (y compris même la jeune France) du siècle de Louis XIV au temps présent. En vérité l'état actuel du monde explique la défense de Dieu à l'homme de toucher à l'arbre de la science. Le dix-neuvième siècle s'est, dit-on, rassasié des fruits de cet arbre; bouffi d'orgueil et en extase devant le progrès de nos lumières, il méprise tous les siècles précédens, toutes les générations passées, jusqu'à nos pères inclusivement : eh bien! ces lumières qui se sont accrues dans tous les sens, en intensité comme en étendue, et surtout en éclat; qui ont fait les

(1) *Etudes historiques.*

mêmes progrès surprenans chez tous les peuples d'Europe et d'Amérique (la tranquille Asie n'en jouit pas encore), qu'ont-elles produit? quel profit en avons-nous tiré? quel est l'état des deux mondes au dix-neuvième siècle? Partout le vertige comme cause, le malheur comme résultat.

§ II Effet de la révolution à l'extérieur.

Si la révolution de 1830 nous a ruinés et troublés à l'intérieur, elle ne nous a pas mieux traités à l'extérieur, aveu plus pénible que tout autre pour un cœur français, trop sensible à la gloire et surtout à l'honneur de la France, pour ne pas s'affliger du triste rôle que notre nouveau gouvernement nous a fait jouer en Europe. Sa faiblesse a été trop éloquemment flétrie par le plus grand de nos écrivains, pour que je sois condamné à m'étendre sur cette invention moderne de notre diplomatie, laquelle consiste à tout permettre, en assurant qu'on ne consent à rien, et sur notre complaisance pour ces bons amis, qui nous engagent à refuser les provinces et les trônes, pour se les faire adjuger à eux-mêmes ou à leurs cliens. Cependant, je ne reprocherai point au gouvernement son attitude modeste en diverses occasions. On n'est point obligé d'acquérir de la gloire et d'être brillant, et il n'y a pas de déshonneur dans la médiocrité. Il n'est pas donné à tout le monde de combattre, de vaincre et de conquérir l'Europe (dût-on même reperdre ce qu'on a conquis), comme sous la république et l'empire; ou de faire la loi chez des peuples voisins, d'y servir ses amis, et d'y faire triompher ses principes, de faire une utile et glorieuse conquête que l'on garde, comme sous la restauration! Aussi, n'est-ce point son habitude de faiblesse et de résignation que je reproche à la révolution de 1830 : ce qui me paraît honteux pour elle, hélas! et pour nous, ce sont ses gloires et ses bravades. Dans cette expédition dirigée par un choix si prudent contre l'un des plus faibles princes de l'Europe, qui n'a pas vu en rougissant que nos succès étaient tracés et bornés d'avance par une puissance étrangère, que nos victoires étaient permises, mais seulement jusqu'au pied des murs; qu'on nous avait dit: « Vous forcerez l'entrée du port, à condition que vous ne débarquerez pas; vous emmènerez des vaisseaux, à condition que vous les rendrez? » Peut-on douter que ce petit succès n'ait été arrangé entre les ministères anglais et français, pour donner au nôtre quelque petit relief aux yeux de la France, et compenser, par cette manière vigoureuse de pousser une affaire, le fâcheux effet de l'humeur si accommodante avec les grandes puissances? Il en est de même de cette invasion dans la Belgique, où l'on avait annoncé qu'on resterait, et que l'on a été prié d'évacuer promptement.

A la liste de ces gloires de la révolution de juillet, qui m'épouvantent pour l'honneur français, il faut ajouter notre dernière campagne d'Italie. Il s'agit ici d'un coup de force exécuté sans hésitation contre le plus faible des souverains, le pape; la France peut, sans danger, lui déclarer la guerre et l'insulter, toute prête à croiser le fer avec lui. Mais, dit-on, loin de lui déclarer la guerre, nous venons en amis pour le servir, nous venons défendre contre les *libéraux* rebelles la *légitimité* du *pape*. Voilà certainement deux mots surpris de se trouver en sympathie avec la gloire de juillet. Mais voyons les faits : Entrer dans une ville, la nuit, par surprise; en briser les portes, faire prisonnier le commandant de la garnison, et lui demander son épée, planter son drapeau sur la citadelle; en effet ce n'est point déclarer la guerre, mais c'est bien pis : c'est commettre l'acte le plus sauvage pour une nation civilisée, c'est faire la guerre sans l'avoir déclarée. Votre but est, dites-vous, de servir un allié, un ami. A cette manière de rendre service à ses amis, à cette bienfaisance bourrue, à ces tendresses brutales, il faut reconnaître l'aménité et les grâces révolutionnaires d'une autre époque; il est fâcheux de s'en approprier la rudesse, sans l'énergie qui la grandissait.

Je dois dire cependant (car il faut rendre justice même à ses adversaires), que je n'accuse ni le ministère actuel, ni les ministères précédens, ni le prince lui-même de cette faiblesse dans les relations avec les puissances étrangères. Les divers ministères de Louis-Philippe n'ont pas eu une attitude plus ferme l'un que l'autre, et si c'était la faute des ministres, ce ne serait plus la révolution de 1830 qu'il faudrait en accuser, ce ne serait plus l'effet nécessaire de la situation où elle nous a placés. Nous avons eu depuis cette révolution, sinon des ministres vraiment hommes d'État (car ils n'auraient pas accepté la mission de gouverner un peuple avec des conditions qui le rendent ingouvernable), du moins quelques ministres qui ne manquaient point de talens ou de vigueur. Certes, ils auraient été fort satisfaits de faire parler la France hautement, comme sous Louis XIV, de servir partout leurs amis et leurs confrères en démocratie, et surtout de nous enrichir de la Belgique. Leur roi lui-même n'aurait pas mieux demandé que de dorer d'un peu de gloire le château de cartes, édifice de sa royauté, et de pousser conquérant tout d'un coup. Mais et le roi et les ministres sentaient que la guerre pourrait bien renverser ministres et roi, et que la révolution de juillet encore enfant, n'était pas propre à de si grands exercices. Ils sentaient que la France ruinée, déjà si embarrassée de payer le surcroît d'impôts dû à l'état de paix, ne pourrait fournir aux nouvelles contributions exigées par l'état de guerre; que les excessives levées d'hommes et d'argent augmenteraient encore le mécontentement déjà assez violent dans beaucoup de provinces, qu'il en résulterait des troubles et peut-être des guerres intestines; qu'un peuple désuni se présenterait mal contre toute l'Europe; que, de plus, le parti du mouvement, plus habile à fabriquer de l'enthousiasme, et bien servi par les vieux chefs bonapartistes de l'armée, s'emparerait de la direction des affaires, et renverrait, au moins, les ministres; que si, malgré les embarras de cette situation, la valeur française nous donnait la victoire, le général vainqueur revenant à la tête de son armée victorieuse, pourrait bien mettre d'accord les philippistes, les républicains et les bonapartistes; qu'il pourrait, lui aussi, profiter de ce qu'à présent le droit vient du fait, et mettre le fait de son côté; qu'il lui serait aussi facile qu'à un autre de fonder un trône improvisé sur l'élection de trois cents légistes et sur les acclamations tacites de la France. Le ministère ayant personnellement tout à craindre de la guerre, et le trône pouvant se trouver compromis par la victoire comme par la défaite, il s'ensuit que la paix n'est pas pour le gouvernement actuel une affaire de goût ni de choix, mais de nécessité et d'existence, et que, quand on a découvert qu'il est difficile de conserver à la fois et soi-même et la dignité nationale, cette dernière se trouve fort aventurée.

Je remarquerai en passant que, lorsque l'Angleterre et la France se sont trouvées dans une union intime, ce qui a été fort rare, l'un ou l'autre de ces pays s'en est toujours fort mal trouvé. Sous le règne de Charles II, ses ministres étaient à la solde de Louis XIV, et le résultat de cette union intime fut l'annulation de l'influence anglaise en Europe, et la prépondérance de la France constatée par le traité de Nimègue. La même intimité exista de nouveau sous le ministère de Robert Walpole. Un mauvais prêtre, ministre du duc d'Orléans à Londres, fut à son tour, dit Saint-Simon, à la solde de l'Angleterre, et vendait les intérêts de la France pour un chapeau de cardinal. Cette union, continuée sous le cardinal de Fleury, amena la décadence de notre marine, négligée par complaisance par nos amis, en prépara la destruction totale, ainsi que la perte de nos colonies, et eut pour dernier résultat, la et les désastres de la guerre de sept ans. Notre commerce (si l'on en croit *le Journal du Hâvre*) commence à se ressentir des effets de l'intimité actuelle, par la facilité, sous un roi demi-Anglais, d'introduire les produits anglais en contrebande par les frontières belges; par la diminution de la taxe exigée à l'entrée des vaisseaux étrangers, et par le droit donné aux Anglais de visiter nos vaisseaux pour empêcher la traite. Il est fâcheux que la faiblesse de son gouvernement coûte si cher à la France, et la complaisance du traité qui accorde les 25 millions exigés par les Etats-Unis d'Amérique, et toujours refusés sous l'empire et sous la restauration, en est une nouvelle preuve. Payer pour se maintenir sur le pied de guerre, et payer tout ce qu'on nous demande pour avoir la paix, cela est dur et ruineux.

§ III. Pourquoi ces désastreux effets?

Tels sont les effets de la révolution de 1830 à l'intérieur et à l'extérieur; perte de la prospérité, perte de la considération dont nous jouissions sous le règne de Charles X. A quoi attribuer ce funeste résultat?

L'on répondra : Il y a eu une révolution, et tel en est l'effet ordinaire. Oui, si c'est une révolution du bien au mal; car, si c'est une révolution qui change le mal en mieux, elle produit l'effet contraire, comme on l'a vu au 18 brumaire et aux deux restaurations. Dans une bonne révolution, ce n'est pas la misère qui survient, c'est la misère qui cesse; ce n'est pas la prospérité qui s'en va, c'est la prospérité qui survient. Pourtant, s'il faut des secousses longues et terribles pour opérer le changement, même en bien, le pays peut momentanément cesser d'être florissant. Mais ici, point de secousses; rien de dérangé, point de guerres civiles ou étrangères, point de ravages, de terres laissées incultes, de capitaux enlevés et portés chez l'étranger, point de lacune dans l'action du gouvernement. Jamais en effet un trône n'avait moins coûté d'efforts, moins de dépense de talent au nouveau possesseur; jamais un gouvernement n'avait paru plus facile et entouré de circonstances plus favorables. Aussitôt que cette royauté nouvelle est proclamée, on s'y soumet partout dans l'intérieur; elle est reconnue à l'extérieur par toutes les puissances; le nouveau gouvernement ne trouve de résistance nulle part; il est assuré de la majorité dans les deux chambres : on lui accorde tous les provisoires qu'il demande, tout l'argent, tous les hommes; rien n'est discuté, et il dépensera, durant dix-huit mois, des budgets ordinaires et extraordinaires sans qu'aucune de ces dépenses ait été contrôlée d'avance par les Chambres et reconnue nécessaire. Aucune difficulté ne se présente; point de conflit; le changement d'un nom en tête des lois et ordonnances, le changement de quelques administrateurs promptement remplacés. Il n'y a pas là de froissement, il n'y a rien qui, au premier coup d'œil, ébranle un royaume. Tout est resté comme il était, et l'on pourrait faire tristement la contre-partie d'un mot célèbre : *Il n'y a qu'un Français de moins.* D'où vient donc ce passage si rapide de l'extrême richesse à l'extrême misère, de la prospérité à la détresse, du calme au trouble, de l'ordre au désordre, de la certitude de la paix à l'inquiétude de la guerre?

Puisque rien n'est dérangé dans le matériel,

c'est donc dans l'intellectuel, dans un principe changé, dans une théorie substituée à une autre, que se trouvera l'explication de nos maux actuels. En remplaçant l'hérédité légitime, celui de tous les principes qui garantit le mieux la stabilité du gouvernement, par le principe de la souveraineté du peuple, qui ne peut rien garantir que l'instabilité à toujours, vous détruisez tout à coup la confiance, par suite la consommation, par suite la richesse. En remplaçant une Constitution monarchique et aristocratique par une Constitution démocratique, vous avez ébranlé l'autorité, et vous avez créé l'anarchie. L'ordre et le calme ont dû disparaître au-dedans; l'inquiétude et les précautions ont dû remplacer à l'extérieur la sécurité et la confiance. C'est donc réellement au dogme de la légitimité que tenait le bonheur de la France; il est donc prouvé que nous avions raison de nous opposer de toutes nos forces à tout ce que réclamaient nos adversaires, surcroît de liberté, affaiblissement des influences monarchiques et aristocratiques, accroissement du pouvoir démocratique, puisque le triste état de la France est l'effet du succès de leurs prétentions, et ne peut être attribué à aucune autre cause qu'à l'application de leurs doctrines.

L'on croirait, en vérité, que la Providence a

pris soin de rendre leur succès si prompt et si complet, de faire évanouir toute résistance et tout obstacle, exprès pour corriger, par une nouvelle épreuve de ces doctrines, ceux à qui la première n'avait pas suffi. En effet, ils n'ont eu contre eux que les conséquences nécessaires de leurs principes; et regardez où nous en sommes! Ils ont déclamé quinze ans contre l'excès de l'autorité royale et le défaut de liberté; eh bien! ils n'ont pu rien ôter à cette autorité, rien ajouter à cette liberté, sans nous plonger dans l'anarchie. Suivez attentivement leurs dix-huit mois de règne : leurs principes suffisent pour les tuer sans que personne s'en mêle. Le premier ministère de MM. de Broglie, Guizot, etc., avait l'assentiment du roi, et la majorité assurée dans les deux Chambres. Sous la restauration, un ministère n'aurait point eu de fin, tant qu'il serait resté dans cette position. Celui-ci n'a pas duré trois mois; sans être attaqué, sans secousse, il a disparu : une émeute réprimée a été l'occasion, et les principes qui servent de base et de règle à ce gouvernement ont été la cause réelle. Les mêmes principes ont encore précipité, en quelques mois, le ministère suivant. Le ministère du 13 mars avait aussi pour lui le roi et les Chambres : il aurait voulu conserver une situation si commode, et que personne n'attaquait; il lui a pourtant fallu casser la Chambre dont il était sûr, pour courir les chances d'une nouvelle élection, comme il lui a fallu, malgré lui, détruire tout à fait notre Constitution par la suppression de l'hérédité de la pairie. Il subit, et il faudra qu'il subisse tant qu'il existera, les conséquences et les effets de ses doctrines. Tel est le sort de ce gouvernement : avec tous les élémens apparens de la force, il ne peut point gouverner; avec cinq cent mille hommes et 1500 millions qu'il a demandés, et qui lui ont été complaisamment accordés, il ne peut être obéi. A Paris, émeutes sur émeutes, toutes réprimées, auxquelles pourtant il a fallu abandonner les croix et l'Archevêché, auxquelles il a fallu que le prince sacrifiât ses propres armes; en province, émeutes aussi de toutes parts, refus des impôts, plantations des arbres républicains, d'abord malgré les autorités, et bientôt avec leur concours dans certains lieux, tandis que le sang coule à Paris pour l'empêcher.

Comment se fait-il que les mêmes élémens d'où Charles X faisait sortir la prospérité et l'ordre, nous produisent, sous Louis-Philippe, la misère et le désordre; car, vous ne pouvez le nier, c'est avec les mêmes capitaux que vous laissez périr le commerce et l'industrie; c'est avec les mêmes manufactures que vous ne pouvez plus occuper les ouvriers; c'est avec les mêmes vaisseaux que vos négocians ne font plus d'affaires; c'est avec les mêmes dépenses à faire qu'il vous faut vendre les bois de l'Etat, faire des emprunts, piller le fonds commun de l'indemnité, accroître la dette flottante; c'est avec la paix au-dedans et au-dehors, qu'il vous faut augmenter l'armée et enlever beaucoup plus de citoyens à leur famille; est-il rien qui soit plus digne de remarque! Pourquoi donc l'ancienne dynastie nous préservait-elle de ces malheurs? Pourquoi la nouvelle dynastie nous a-t-elle doués de tant de fléaux? Je vais le redire.

La confiance crée la prospérité des nations: l'inquiétude la fait disparaître. La sécurité sur l'avenir, donnée ou ravie, produit l'activité ou la langueur, la richesse ou la misère, la tranquillité ou les troubles. Vous avez fait votre choix pour le mauvais côté de cette alternative, quand au droit vous avez substitué le fait, parce que le droit, qui ne change jamais, porte avec lui tous les élémens de stabilité, et que le fait, qui peut changer tous les jours, frappe tous les esprits de l'idée de son instabilité. Je sais bien qu'au fait vous avez tenté d'attacher une idée de droit; mais il sera tout aussi facile, au fait qui remplacera le vôtre, de se couvrir d'un droit pareil. Chacun peut à son tour s'appuyer sur le droit sorti de la souveraineté du peuple. Notre droit de succession invariable repose sur de plus profondes racines. Quand on a vu Charles X sur le trône, ou si l'on y voyait Henri V, on sait bien que personne ne viendra réclamer leur couronne au-même titre qu'eux; mais, sous le présent gouvernement, peut-on s'empêcher de songer que, s'il plaisait à trois cents personnes, soit à Metz ou à Grenoble, de proclamer Napoléon II; soit à Toulouse ou à Bordeaux, de proclamer Henri V; que, si une stupeur générale, provenant de la faiblesse partielle de chacune des quatre-vingt-six fractions de la France, empêchait une résistance ouverte d'éclater nulle part, il serait difficile de ne pas reconnaître à ce nouveau fait les mêmes droits sur lesquels est fondé le trône actuel.

On dira que les trois cents personnes qui ont disposé du trône au 7 août, n'étaient pas prises au hasard (tant s'en faut que je le prétende), mais composaient les deux Chambres; je répondrai qu'il ne serait pas difficile, dans le premier cas, d'appeler à Metz la majorité de la Chambre des représentans, et un petit détachement de pairs des cent-jours: et, dans le second cas, d'avoir à Toulouse la Chambre de 1824 et les cent cinquante pairs qui ont été retranchés de la Chambre des pairs actuelle, ou qui ont dédaigné d'en faire partie. Dans ces deux suppositions, il est vrai, ces Chambres changeraient la dynastie et la Constitution sans avoir été spécialement élues à cet effet, et sans en avoir reçu d'avance la mission. Nous avons vu que ces conditions ne sont point nécessaires pour établir un droit. La nécessité est toujours là pour donner les plus amples pouvoirs, et ces Chambres auraient aussi une loi toute prête pour interdire de conserver des doutes sur un droit incontestablement tiré du vœu de la nation. J'obéis à cette loi pour le gouvernement présent; mais, si l'on est forcé de reconnaître son droit, l'on est prêt à obéir également à toute autre loi semblable, qui établirait un autre droit incontestable. Je dis donc qu'il n'y a pas la même garantie, la même stabilité, quand il suffit, pour changer un trône et une constitution, d'être le plus fort en tel lieu donné; puis de s'appuyer sur le principe de la souveraineté du peuple, et sur le proverbe : *Qui ne dit mot consent.* C'est beaucoup assurément que d'avoir pour roi la souveraineté et la sagesse des nations; mais il n'en est pas moins vrai qu'il y a là un principe de mobilité qui éloigne la confiance et tue la richesse, tandis que le principe si simple, grossier même, si l'on veut, et peu raffiné, de l'hérédité légitime d'aîné en aîné, redonne la confiance, qui fait tout prospérer.

C'est donc dans le principe même du gouvernement qu'il faut reconnaître la cause de nos souffrances et de notre ruine. Si à cette cause se joint la cause non moins puissante d'une constitution démocratique, c'est-à-dire de l'anarchie organisée, il faut désespérer du salut du pays, à moins qu'il ne soit sauvé par l'effet des germes de destruction qu'un pareil gouvernement porte dans son sein. Jamais nulle part la démocratie n'a pu faire prospérer un grand Etat ni s'y établir d'une manière stable; mais, quand elle pourrait s'acclimater partout ailleurs, elle sera toujours mortelle en France. Le fond du caractère français est la vanité, et ce sentiment qui, bien dirigé, devient une noble ardeur de s'illustrer, qui a été la source de notre gloire militaire et de nos succès dans différens genres, est un obstacle invincible à tous nos essais de démocratie, parce que chacun est envieux des positions supérieures, se croit propre à tout et prétend à tout.

Il me reste à prévenir deux objections : 1° Il

n'y a pas d'aristocratie en France; 2° vous ne voulez donc pas de la liberté; il ne faut donc que des gouvernemens absolus.

§ IV. De l'aristocratie.

Mais, dit-on, quand vos principes seraient vrais, quand la démocratie nous perdrait, quand l'aristocratie serait le seul remède à nos maux, serait-il possible d'appliquer, ou plutôt de trouver ce remède? Où est l'aristocratie pour chercher sous son ombre un abri contre la démocratie? Nous ne le pourrions pas plus que Charles X ne le pouvait: il faut reconnaître deux faits: que la démocratie coule à pleins bords et est toute puissante, et que l'aristocratie n'existe pas; or, il faut la trouver toute faite, et on ne peut créer à volonté une aristocratie.

Ce raisonnement a souvent été répété; mais je crois qu'il est fondé sur une erreur qui vient de ce que ces deux mots n'ont pas été bien définis. On les emploie sous deux acceptions, et il en naît une confusion qui brouille les idées. On donne souvent le nom d'*aristocratie* à la classe composée de ceux à qui de grands noms et de très-grandes fortunes assurent beaucoup d'influence; on appelle *démocratie* la classe du peuple, non compris la populace. Dans ce sens, il est certain que les grands personnages à grande influence sont peu nombreux en France, et impossibles à créer tout d'un coup, et que la démocratie est, de beaucoup, la plus nombreuse et la plus forte. Mais si l'on prend ces mots dans leur véritable sens et suivant l'étymologie, l'aristocratie est la puissance légale des premiers du pays, des principaux, et la démocratie la puissance légale du peuple. Alors c'est la Constitution qui, en donnant la principale part dans la direction des affaires aux premiers de la nation, crée une aristocratie : c'est la Constitution qui, par la part qu'elle donne ou retire au peuple dans le gouvernement, crée ou supprime la démocratie. La démocratie prise dans le sens du peuple est partout la plus forte et la plus nombreuse. Prise dans le sens de puissance du peuple, elle n'existe que dans le pays où les lois ont constitué cette puissance; et si les lois la créent, les lois peuvent la détruire. Les lois de 1789 créèrent la démocratie, c'est-à-dire introduisirent le peuple dans le gouvernement; les lois de 1799 la détruisirent, parce que la Constitution consulaire ne laisse au peuple qu'une influence très-indirecte et même fictive, dans le gouvernement de l'Etat. Cette même démocratie qui était alors calme et contenue, s'est ensuite échappée comme un torrent, et a coulé à pleins bords, parce qu'on a fait une tranchée à la digue qui la contenait : rétablissez la digue, elle ne coulera plus.

Les lois peuvent également faire ou défaire, non point l'aristocratie féodale, mais un gouvernement aristocratique : l'on a vu dans de petits Etats, dans des villes pauvres, des gouvernemens aristocratiques; à Sparte même, où les biens étaient communs. On a donc une aristocratie sans que personne possède de très-grandes richesses. Il y avait une aristocratie à Rome dans les commencemens de la république, et elle ne possédait pas de grandes richesses, puisqu'on allait prendre à la charrue les magistrats qui en faisaient partie : il aurait fallu d'ailleurs donner à chacun d'eux tout le territoire de la république pour lui faire une grande propriété territoriale. Ce n'étaient donc pas de grandes richesses qui avaient fait le pouvoir des patriciens; c'était le droit d'entrer seuls au sénat, d'être seuls appelés au consulat; c'était encore le vote par centuries qui donnait la décision des grandes affaires, non pas aux riches, puisqu'aucun ne l'était, mais aux plus riches; et ce qu'il y a de singulier, c'est que lorsqu'il y eut réellement dans Rome de grandes fortunes avec de grands noms, il n'y eut plus de véritable aristocratie, parce que des lois démocratiques introduites dans la Constitution leur avaient ôté une grande partie de leur influence dans l'Etat.

L'on peut donc créer une aristocratie, et elle sera créée partout où le gouvernement de l'Etat appartiendra par les lois aux plus riches, aux premiers de la nation, aux premiers dans chaque localité; car s'il n'y a pas partout de grandes fortunes, il y a toujours des premiers, des plus riches; et je n'en veux pas de preuve plus convaincante que ce qui s'est passé en France pendant la restauration. On dit qu'il n'y a pas en France la matière d'une aristocratie, et il est certain que, si elle y cxiste, on ne l'avait pas épuisée pour former la Chambre des pairs. Je ne crois pas qu'il y eût plus d'un dixième des membres de cette chambre qui réunît un grand nom et une grande fortune; et cependant cette Chambre avait déjà un rang élevé dans l'opinion; elle était le point de mire de toutes les ambitions : la pairie était d'un grand poids, et comptait pour beaucoup dans le mariage des fils aînés de pairs; et si l'on pense que l'institution était très-nouvelle, et que les lois auraient pu aussi lui donner un pouvoir spécial dans les départemens; si l'on se figure ce que le temps y aurait ajouté dans l'opinion, l'on conviendra que les lois peuvent créer une aristocratie. Je ne sais même si l'effet si prompt de cette institution ne prouve pas que cette aristocratie constituée était plus dans nos mœurs qu'on ne le prétend aujourd'hui.

§ V. De la liberté.

Je viens à la seconde objection : Vous ne voulez donc pas de la liberté? Au contraire, c'est parce que je veux de la liberté que je ne veux pas du libéralisme ; car ce qu'on nomme *libéralisme*, c'est la profession et la poursuite des idées démocratiques ; et avec la démocratie il n'y a pas de liberté possible. Qu'on ne me soupçonne donc pas de n'en pas sentir le prix, et de ne pas désirer pour mon pays toute celle qui est compatible avec son bonheur ; qu'on ne croie pas que j'adopte le nom d'*absolutiste* que des hommes de mauvaise foi ou trompés ont donné aux personnes de mon opinion. Si la monarchie absolue me paraissait la meilleure, je le dirais nettement et sans ménagement pour les idées du moment ; mais telle n'est point mon opinion. Pour peu qu'on ait quelque indépendance dans le caractère, et quelque fierté dans le cœur, je crois qu'on n'est pas du tout disposé à livrer sa personne ni son bien au caprice et à la volonté arbitraire d'un roi ou de ses ministres; mais on le serait encore moins à se soumettre aux fantaisies et au despotisme des classes inférieures de la nation et de la multitude, résultat infaillible de la démocratie.

Je veux la liberté pour moi comme pour tous; mais il faut s'expliquer ici sur ce que j'entends par cette liberté. Raisonnons de sang-froid, en nous appuyant seulement sur l'expérience et sur des faits positifs; laissons de côté les théories spéculatives, les mots séduisans, les sentimens exaltés. Que d'un côté le cœur cesse, pour un moment, de battre, et les regards de s'animer à ce mot de *liberté*, source de tant de vertus et d'héroïsme dans l'antiquité; que, de l'autre, le cœur cesse également, pour un instant, de s'enflammer d'amour et de dévouement au seul nom de nos Bourbons, de cette antique et noble race qui sema sur le beau sol de France des germes non moins féconds de vertus et d'héroïsme, à l'image de cette jeune duchesse qui rappelle Marie-Thérèse, et de son fils, ce jeune enfant du miracle, cette goutte échappée du sang de nos rois, qui, de David éteint, a pour nous aussi rallumé le flambeau. Oublions de sentir, et cherchons, discutons froidement les principes d'où dépend le bonheur de notre pays.

Chez un peuple dans l'état de société, il n'y a pas de liberté absolue ; ou, pour mieux dire, il n'y en a nulle part : car l'indépendance du sauvage n'est qu'une question de force physique, n'est que la liberté du fort, et l'oppression du faible ; et comme le fort peut rencontrer un plus fort que lui, il est vrai de dire que la liberté absolue n'existe pas plus dans l'état sauvage que dans l'état de société. La liberté étant donc toujours circonscrite dans certaines limites, la question est de savoir quelles seront ces limites. Il faut ici distinguer deux sortes de libertés, la liberté personnelle et la liberté politique.

J'appelle *liberté personnelle* le droit d'être seul maître de sa personne et de son bien, et la certitude qu'il ne sera disposé ni de l'un ni de l'autre sans votre consentement légal. Cette liberté est d'un intérêt général, puisqu'elle est à l'usage de tous les habitans d'un royaume, et que tous en ressentent vivement la privation. Je m'accorderai sur cette liberté avec ceux qui veulent qu'il n'y soit apporté aucune restriction ; que chacun soit le maître de faire ce qu'il lui convient, d'aller, de venir dans l'intérieur, de sortir du pays ou d'y entrer ; que sa propriété soit sacrée, et que personne ne puisse toucher à son bien, même pour l'impôt, sans sa permission ou sans le consentement de ceux qu'il a chargés de la donner ; que ni lui ni ses enfans ne puissent être forcés à aucun service sans le même consentement ; qu'à plus forte raison il ne puisse jamais être arrêté ou puni qu'au nom de la justice publique, et dans les formes les plus propres à protéger la liberté et l'innocence. Voilà la liberté que je veux dans la plus grande étendue, et pour le soutien de laquelle je ne me laisserai pas devancer par ses plus ardens défenseurs.

L'autre liberté, la liberté politique, n'intéresse pas aussi directement la généralité des habitans ; elle comprend le droit d'avoir part au gouvernement de l'Etat, le droit d'élire ou d'être élu, le droit de publier son avis, soit par des discours publics ou des écrits sur les hommes et les affaires du gouvernement. Il est évident que cette liberté ne touche pas de si près la masse des habitans, parce que tout le monde n'est pas électeur ou éligible, ou écrivain. Beaucoup de gens vivent très-heureux et très-libres sans avoir jamais usé d'aucun de ces priviléges. Je pense que cette seconde liberté peut et doit être limitée par des restrictions plus étroites que la première, et je suis convaincu qu'étendue au-delà d'une certaine borne, elle nuit à la première liberté, la plus précieuse des deux.

Pour que la liberté personnelle soit le partage de tous, il faut qu'il existe une autorité assez puissante pour garantir aux plus faibles l'exercice de leurs droits. L'autorité est la première et la plus importante conséquence de l'état social, et le plus sûr garant de la liberté personnelle, parce qu'elle protége les faibles, ou plutôt parce qu'il n'y a plus ni forts ni faibles devant la loi, dont elle assure l'exécution. Le premier besoin, la première condition de la liberté personnelle est donc l'autorité. Mais il serait à craindre que l'autorité, qui doit être forte, n'usât de cette même force qui protége, pour opprimer et détruire la liberté; que sert qu'elle la soutienne contre les envahissemens de tous, si elle l'envahit pour son propre compte : c'est ici qu'est nécessaire la liberté politique. Pour que les lois ne fournissent pas à l'autorité des moyens d'oppression, il faut que les citoyens y concourent par eux-mêmes ou leurs délégués; pour que la liberté de disposer à leur gré de leurs biens leur soit maintenue, il faut que l'abandon de la portion de leur fortune, nécessaire aux dépenses publiques, soit consenti par eux ou par une partie d'entre eux représentant les intérêts de tous. La liberté personnelle a donc besoin, pour sa sécurité, de la liberté politique, c'est-à-dire de l'influence des citoyens dans le gouvernement de l'Etat; mais j'ajouterai d'une influence *passive* seulement, et c'est ici mon point de division avec les libéraux, qui la veulent active, et très-active. Je veux, quant à moi, que les corps qui sont destinés à défendre la liberté personnelle contre tout empiétement de l'autorité, n'ayent qu'un pouvoir de résistance, que leur mission soit, non pas de faire, mais d'empêcher, non point d'attaque, mais de défense. Ainsi, dans mon opinion, toutes les fois que la liberté personnelle est entière, il y a assez de liberté politique, puisque le seul but de cette dernière est de garantir la première. Il y avait donc assez de liberté politique sous Charles X, puisque jamais en France, ni avant ni depuis son règne, on n'a joui d'une liberté personnelle si complète. Telle n'est point la doctrine des libéraux. Suivant eux, si le peuple ne règne pas, il n'est pas libre; la liberté, pour eux c'est l'autorité. Aussi mettent-ils la liberté politique en première ligne, et sont-ils prêts à lui sacrifier l'autre. C'est ce que nous avons vu toutes les fois qu'ils ont été les maîtres; j'en appelle aux faits, toujours constans dans les mêmes circonstances.

La révolution de 1830 a éclairé de nouveau du flambeau de l'expérience ces questions controversées, et je m'en rapporte aux libéraux de bonne foi, trompés par un mot mal défini. Ils cherchaient comme nous le bonheur de notre patrie et le bien de l'humanité. Ils trouvaient qu'il y avait dans notre Charte défaut de liberté politique. Je pensais, pour moi, qu'elle contenait tout ce que les Français en peuvent supporter, et sur quelques points même, surabondance. Ils avaient donc pour but de l'étendre, moi de la restreindre. Qu'ils jugent aujourd'hui, car l'épreuve a été décisive. Qu'ils remarquent que chaque fois que nous avons étendu la liberté politique au-delà des limites que j'ai tracées, la liberté personnelle a été entamée, et a perdu tout ce que l'autre gagnait. Cette extension de la liberté politique n'est autre chose que la démocratie, que le pouvoir placé dans le peuple. Eh bien! voyez quel a été le sort de la liberté personnelle sous nos Constitutions démocratiques qui devaient établir pour nous la plus grande somme de liberté. Pendant le règne de l'Assemblée constituante, y avait-il liberté pour ceux qu'on assassinait dans les rues de Paris, et dont on portait les têtes au bout des piques? Y avait-il liberté pour les seigneurs dont on brûlait les châteaux, et qui ne pouvaient sauver leurs têtes que par la fuite? Y avait-il liberté pour ceux qu'on égorgeait à Avignon, pour ceux que le comité des recherches poursuivait jusqu'aux extrémités de la France? Y avait-il enfin liberté pour le roi, qui ne pouvait se promener hors des barrières de Paris ni aller respirer un air pur à une lieue de cette ville? Non, il y avait liberté seulement pour les oppresseurs; il y avait liberté de vexer, d'emprisonner, d'incendier, d'assassiner.

Depuis la révolution de juillet, y a-t-il liberté pour les prêtres qui n'osent se montrer dans Paris comme ecclésiastiques, revêtus des signes d'un caractère si révéré chez toutes les nations; pour les catholiques qui ne peuvent même pas dans cette ville exercer leur religion à la messe de minuit; pour les juges troublés dans leur prestation de serment par les aspirans à leurs places; pour les jurés exposés aux cris et aux injures proférés pour violenter leur conscience; pour les imprimeurs dont les presses sont brisées; pour les électeurs dont les scrutins sont renversés dans leurs urnes, et lacérés au milieu des injures et des menaces; pour les citoyens écartés arbitrairement de la garde nationale; pour les femmes publiquement insultées; pour les Tarasconais sabrés dans leurs réunions de plaisir par des soldats ivres excités par des officiers, dont pas un n'a été puni? Y a-t-il liberté pour les employés du gouvernement pillés, incendiés, assommés, se sauvant à peine baignés dans leur sang; pour le digne archevêque de Paris, volé, dépouillé, qui, dans le même moment où il était justifié publiquement par les ministres, n'aurait pu se promener dans Paris sans risquer sa vie; et qui encore aujourd'hui, est caché dans son diocèse; pour les officiers de tous grades, et même les généraux chassés de leurs emplois, comme ne plaisant pas à leurs inférieurs; pour les curés dans leurs églises, quand le gouvernement, tremblant devant la multitude et tyran par peur, ravit et viole ces églises pour les souiller des inhumations défendues par les lois canoniques; pour le nouveau roi lui-même, condamné par la violence à répudier les armes de sa race? mais s'il n'y a pas liberté pour les victimes, il y a, il faut en convenir, liberté complète pour les oppresseurs et les factieux. Vous voyez si à ces deux époques, l'extension de la liberté politique a étendu ou restreint la liberté personnelle. Tantôt c'est le gouvernement lui-même qui a gêné la liberté, et il y a tyrannie; tantôt c'est malgré lui que la liberté a été contrainte; il ne sait pas en assurer l'exercice, et il y a anarchie.

Examinez, au contraire, si dans le temps où vous vous plaigniez le plus de trop de restrictions dans la liberté politique, examinez si, sous le règne de Charles X, les libéraux de toutes couleurs ont souffert ainsi dans leur liberté personnelle; si un seul des plus grands ennemis de ce prince a craint de se montrer dans quelque lieu que ce soit de la France, a été insulté, vexé ou sabré pour son opinion; si les juges et les jurés qui l'acquittaient ont été hués et menacés; si les avocats qui les défendaient ont été obligés de fuir par une porte secrète; si les femmes parées de violettes ont été deshabillées sur la place publique; si, dans les colléges électoraux où ils avaient la majorité, le scrutin a été brisé et les électeurs en danger; il n'y a rien eu de pareil sous ce règne de Charles X.

Ces exemples, et cette comparaison avec le dernier règne, me paraissent prouver sans réplique combien il est dangereux d'étendre la liberté politique au-delà de certaines bornes, et combien la liberté personnelle en souffre, cette liberté qui seule intéresse la totalité des habitans. Et remarquez que je n'ai pris pour point de comparaison que les époques les moins fâcheuses de nos révolutions, que celles où il y avait encore quelque ordre dans le désordre. Que serait-ce si j'avais été chercher la liberté sous l'Assemblée législative, la Convention ou le Directoire!

Voilà donc ce qui nous est arrivé par la destruction du principe de souveraineté qui établit l'autorité, par l'établissement du principe de souveraineté qui détruit toute autorité. Avec les doctrines qui ont prévalu dans la nouvelle Charte et les lois qui l'ont suivie, les libéraux nous ont livrés à la démocratie, et la démocratie tuera la royauté de la révolution, après avoir tué la royauté légitime; ils ont voulu plus de liberté que la France n'en possédait sous Charles X, quoique jamais aucun peuple n'ait été plus réellement libre que nous ne l'étions alors; et le peu qu'ils ont ajouté a suffi pour nous conduire à la licence et à l'anarchie : démonstration complète de notre opinion, que la Charte avait donné à la France tout ce qu'elle peut supporter de liberté. Enfin l'épreuve est complette, ils ont fait sur nous l'expérience de leurs doctrines; rien ne les a gênés; ils peuvent voir à présent s'il en a résulté le bonheur de notre patrie et le bien de l'humanité; ou si ces doctrines n'ont pas produit leur fruit immanquable, celui que nous leur avions toujours prédit : la misère et le désordre. Les nôtres avaient produit toutes les prospérités; nous les leur avions léguées, mais ils ont répudié la succession.

RÉSUMÉ ET CONCLUSION.

Je vais résumer les principales propositions avancées dans cet écrit.

En attribuant la chute du trône aux ordonnances, l'on raisonne comme s'il ne s'agissait alors que de continuer un état heureux et paisible, et de laisser les affaires suivre leur cours calme et prospère; comme si les ordonnances étaient venues tout à coup interrompre cette douce situation. Il ne faut pas oublier qu'au contraire, au moment où les ordonnances ont paru, une lutte était engagée depuis près de trois ans entre le roi, et les Chambres dominées par les ennemis du trône; qu'une crise violente était attendue de tous côtés et inévitable; que les ordonnances, au lieu d'avoir amené cette situation, ne furent qu'une des manœuvres de la bataille engagée depuis trois ans, et parvenue à l'instant le plus chaud de l'action, au moment décisif; que le roi, obligé de choisir entre deux partis, qui tous deux pouvaient également amener sa perte, réduit à combattre de front ses ennemis et à chercher son salut dans un coup d'Etat, ou à tout céder et à se livrer entre leurs mains, choisit le premier parti. Louis XVI, en pareille situation au 6 octobre 1789, avait préféré le dernier; a-t-il mieux sauvé son trône?

L'on objecte que la majorité libérale des députés n'était point composée d'ennemis du trône, et qu'elle ne menaçait que les ministres; on en disait autant à Louis XVI : on lui assurait qu'il venait à Paris au milieu de ses amis et de ses enfans. L'événement a prouvé si les 221, renforcés encore par de nouvelles recrues, menaçaient le roi ou ses ministres. Dès qu'ils ont été les plus forts, ils lui ont arraché sa couronne; dès qu'ils l'ont pu, ils ont abattu son trône; ils ont beau expliquer que, fidèles sujets le 24 juillet, ils sont devenus ennemis d'un roi parjure le 25, après les ordonnances; s'ils avaient été sujets constitutionnels, ils n'auraient pas volontairement oublié que l'article fondamental d'une monarchie constitutionnelle, est que le roi ne peut mal faire, qu'il est inviolable, et que les ministres seuls peuvent être coupables; que quand Charles X n'aurait pas été autorisé par l'art. 14 de la Charte, ou par la nécessité de sauver la France des angoisses d'une nouvelle épreuve libérale, ils ne pouvaient qu'accuser ses ministres, et que le véritable parjure était de violer ce principe qu'ils avaient juré et cent fois reconnu. Ce qu'ils ont fait, ils voulaient le faire; quelques-uns ont avoué leurs secrets desseins toujours suivis durant quinze ans; mais ceux mêmes qui nient leurs complicité dans cette longue conspiration, regardaient avec envie, et montraient en perspective dès long-temps la révolution de 1688. L'esprit révolutionnaire, plus imitateur que tout autre, après nous avoir donné les quatre premiers actes de la tragédie anglaise du dix-septième siècle : révolte contre son roi, son assassinat, usurpation militaire, restauration, attendait et nous promettait le cinquième acte. Les paroles des chefs dans leur intimité, et même à la tribune publique, avaient annoncé leur espoir, et sans cela tout ne se serait pas trouvé si bien prêt pour la création d'une nouvelle royauté en vingt-quatre heures.

La catastrophe de juillet n'a donc été que le développement complet d'une action continue dont le mouvement avait commencé long-temps auparavant. Les ordonnances n'en ont donc point été la cause, mais seulement l'occasion. Le trône, poussé de poste en poste, et déjà penchant sur l'abîme, a péri dans la tentative faite pour le relever. J'ai l'intime conviction qu'avec un ministère libéral, poussé par la chambre libérale, infidèle et irritée qui existait alors, le trône n'eût pas été sauvé, et eût été bientôt précipité par les tempêtes révolutionnaires. La douleur de subir une domination honteuse et de régner contre sa conscience au profit de ses ennemis, n'eût valu, à l'infortuné Charles X comme à son malheureux frère, que la chance de prolonger son supplice pour arriver enfin à la même catastrophe.

Puisque le péril existait avant les ordonnances, elles n'en sont point la cause. D'où venait ce péril? Faut-il l'attribuer à la conduite antérieure de Charles X, aux fautes et aux mauvais succès de son gouvernement? Non, son règne était paisible, prospère, glorieux; et, quant à sa personne, levez le voile dont la presse calomnieuse a couvert le portrait de ce prince, et vous ne trouverez pas un tort réel à lui reprocher.

Dans sa vie privée, bon pour tous, gracieux dans son accueil, généreux, bienfaisant, pieux sans bigoterie, excepté aux yeux de ceux qui nomment bigoterie le moindre signe de religion. Dans la vie publique, il ne porte point sur le trône ses affections privées, et ne change rien dans les conseils du roi son frère; forcé par le vertige de l'opinion de repousser les hommes et le système auxquels la France devait tous les genres de prospérité, il sacrifie ses propres idées, accepte un nouveau ministère et un système nouveau; il cherche en vain à satisfaire une opinion sans cesse échauffée, et poussée en avant par la presse, et qui réclame à chaque session de nouvelles satisfactions. Certain qu'il en sera toujours de même tant qu'il restera à la couronne quelque chose à perdre, et à la démocratie quelque chose à acquérir, il revient aux hommes de l'opinion qu'il avait toujours jugée la meilleure; opinion dans laquelle le nouvel essai, auquel il s'était franchement prêté, avait dû le confirmer plus que jamais.

Si cette conduite sage, raisonnée, éloignée de tout entraînement de cour et de faveur, a amené une collision où la Charte et notre bonheur ont péri avec le trône, la faute en est à ceux qui, refusant au roi l'usage d'un droit *constitutionnel*, et repoussant des ministres qui suivaient la marche la plus *constitutionnelle*, violèrent impudemment la Charte aux cris de Vive la Charte;

et qui, infidèles au roi comme à la Constitution et à leurs sermens, l'ont forcé, par leurs attaques illégales, à une défense extra-légale. Si, comme ils l'ont prétendu, le parjure délie des sermens, leur parjure dans des poursuites inconstitutionnelles contre des ministres qu'on n'accusait de rien, avait délié Charles X des siens; et ils seraient seuls les véritables parjures.

La guerre acharnée faite par les journaux détruisait le gouvernement. La loi d'élection envoyait depuis deux ans des ennemis du trône, qui n'auraient consenti à aucune aggression contre la presse, leur complice. Cette loi d'élection ne pouvait être changée régulièrement par la substitution d'un systême aristocratique à un systême démocratique, puisqu'il aurait fallu décider la chambre qui en était le produit, à se suicider sciemment, ce qui n'arrive guère aux assemblées, quoiqu'on en puisse citer un exemple récent, que je ne nommerai point une honorable exception. Dans l'impossibilité de guérir par les moyens ordinaires le mal qui nous dévorait, il a fallu courir les risques des ordonnances. Ce qui a nécessité ce remède hasardeux, est donc la véritable cause de la révolution de 1830. Cette cause est donc la loi d'élection du 5 février 1817, et, en tout, le systême démocratique des premières années de la restauration, y compris le ministère de 1819, et sa création de pairs.

Aux causes qui ont amené la chute du trône légitime à Paris, il faut joindre la cause qui l'a rendue générale et décisive, la centralisation. Les provinces étant découpées, morcelées en parcelles, sans lien entre elles, dépouillées des conseils et des intérêts provinciaux; chaque portion isolée ne pouvant opposer que la résistance de 1/86 à la tyrannie de Paris, la France s'est trouvée sans force dans les revers, et son gouvernement à la merci du premier ennemi extérieur ou intérieur qui serait maître de Paris. Aussi, a-t-on vu dix fois depuis quarante ans, le gouvernement de la France changé tantôt par une émeute populaire à Paris, tantôt par l'emploi de quelques régimens dans Paris, soit que ce bouleversement fût conforme ou contraire aux vœux de la France. Mais jamais rien n'a mieux marqué le despotisme, le joug pesant de Paris, et le honteux asservissement des provinces, qu'en 1830, lorsque les provinces ou plutôt les départemens (les provinces ne l'auraient pas fait) arborèrent servilement le drapeau que leur apportait la diligence de Paris, adorant d'avance un dieu inconnu, et prêts à accueillir avec la même complaisance ou la république, ou l'héritier de l'empire, ou une espèce de monarchie bâtarde, dite bourgeoise et citoyenne, avec des institutions républicaines, amalgame bizarre, composé des rognures de la Charte brisée et des débris de la royauté démantelée.

Des causes j'ai passé aux effets de la révolution de 1830. Ces effets ne sont pas difficiles à apercevoir, il suffit de regarder devant soi. Notre état de situation constaté avant le mois de juillet 1830, nous présente, *à l'intérieur*, confiance, richesse de la propriété, de l'industrie, du commerce; calme général, obéissance aux autorités, paiement des impôts; *à l'extérieur*, harmonie générale, armées sur le pied de paix, la France de la restauration faisant triompher ses amis et ses principes dans les pays voisins, et envoyant ses soldats à de glorieuses expéditions et à la conquête, au risque de déplaire à d'autres puissances. Que voyons-nous aujourd'hui? Au dedans, défiance, misère de la propriété, de l'industrie, du commerce; trouble général, désobéissance et insulte aux autorités; refus fréquent de payer les impôts; au dehors, inquiétude générale, pied de guerre ruineux, la France de la révolution abandonnant ses principes et ses amis dans les divers pays; les autres puissances envoyant leurs soldats où il leur plaît, au risque de déplaire à la

France. En comparant la situation qu'on s'est tant applaudi de nous avoir faite, avec la précédente, nous trouvons ce résultat : décadence sur tous les points, sans en excepter un seul.

Est-ce aux secousses inséparables d'une révolution qu'il faut attribuer cette différence complète? Il n'y a pas eu apparence d'une secousse, grâce à la centralisation. Point de guerre civile, point de guerres étrangères, point de provinces dévastées, pas même le trésor dévalisé (à moins que ce fût par les arrivans); comment se fait-il que les mêmes terres, les mêmes métiers et vaisseaux, les mêmes hommes, les mêmes capitaux qui produisaient tant de bien, ne produisent plus que le mal? Puisqu'il n'y a rien eu de changé dans l'ordre matériel, c'est donc à l'ordre intellectuel qu'il faut s'en prendre d'un résultat si déplorable; c'est aux principes et aux théories sur lesquels on a appuyé le nouveau gouvernement.

Ces théories ont divisé les royalistes et les libéraux durant les quinze années de la restauration. Les libéraux disaient que la démocratie n'avait pas une part suffisante dans la Constitution, que la royauté et l'aristocratie tenaient dans l'oppresion la démocratie et la liberté, et qu'il fallait affaiblir les premières au profit des dernières! Nous soutenions que la part de la démocratie était suffisante dans la Charte, et avait été rendue excessive par la loi fondamentale ajoutée à la Charte; que la France possédait déjà (et pour le moins) tout ce qu'elle pouvait supporter de démocratie et de liberté, et que la royauté et l'aristocratie, qui avaient déjà tant de peine à maintenir l'équilibre sur cette pente, tomberaient si l'on faisait un pas de plus dans la voie démocratique.

La question, tant débattue, a été résolue; l'expérience est complète. Il est certain aujourd'hui que ce qu'il y avait de démocratie dans le gouvernement de la restauration était plus que suffisant pour protéger la liberté, puisqu'il s'en est trouvé assez pour attaquer la royauté, et la réduire à la nécessité d'une lutte où elle a péri. Il est également certain aujourd'hui qu'on n'a rien pu ajouter à la démocratie sans tuer l'autorité et l'aristocratie, qu'on n'a rien pu ajouter à la liberté, sans amener un désordre et une anarchie sans remède, et sans tuer, par conséquent, la liberté même, qui n'existe point sans l'ordre. Il est impossible d'avoir une solution plus positive des questions qui nous divisaient. Pour la troisième fois, les faits prononcent entre les systêmes contraires, et décident en faveur du nôtre:

car l'épreuve de la démocratie déjà faite en 1789 et essayée en 1819, a produit ou étaitsur le point de produire précisément les mêmes résultats. Pour mieux éclaircir nos principes, j'ai ajouté quelques observations sur l'aristocratie et sur la liberté.

On a prétendu que quand on voudrait le tenter, on ne pourrait éviter l'immense influence de la démocratie, puisqu'elle est par le fait toute puissante en France, et que l'aristocratie n'y existe pas. L'erreur de ceux qui ont présenté cette objection vient de ce qu'ils n'ont eu devant les yeux que l'aristocratie anglaise avec ses grandes propriétés et ses richesses. Il y a d'autres espèces d'aristocraties que l'aristocratie féodale, témoin celle de Rome, qui, sous les rois et dans les commencemens de la république, ne possédait ni grandes propriétés, ni richesses. De même que ce n'est pas la multitude des hommes de la classe moyenne qui forme la démocratie, mais seulement la part que la Constitution leur donne dans le gouvernement; de même ce n'est pas le plus ou le moins de grandes propriétés et de richesses qui forment l'aristocratie, mais la part que la Constitution donne aux principaux propriétaires dans le gouvernement. Ainsi, on crée l'aristocratie, si les lois donnent aux premiers, aux plus riches la plus grande autorité dans l'Etat et dans leurs provinces; et l'on crée la démocratie, si ces lois assurent aux classes inférieures la plus grande influence sur la direction des affaires. Partout où l'on crée cette aristocratie, l'on crée l'ordre et la stabilité; partout où l'on établit la démocratie, l'on établit le désordre et l'anarchie. La raison en est simple, et je la redirai, quoiqu'elle ait été si souvent et si inutilement répétée: c'est que ceux qui possèdent plus, conduisent en général les affaires de manière à maintenir ce qui existe, et perdraient aux troubles et au changement; c'est que ceux qui possèdent moins cherchent à s'élever, et ne redoutent pas les troubles, ni les reviremens, par suite desquels ils croient toujours être portés au haut de la roue et y rester. Aussi a-t-on vu dans les pays où l'aristocratie domine, dix siècles et plus se passer sans une révolution notable, tandis qu'avec la démocratie on ne peut citer dans aucun pays, ni aucun temps, un siècle de suite d'ordre et de calme sans convulsion et révolution.

Quant à la liberté, je dis qu'elle n'existe pas sans l'autorité, qu'elle n'existe que par l'autorité, qu'elle est fille de l'autorité. Dans l'indépendance sauvage, il n'y a de liberté que pour les plus forts; dans la société, il y a liberté pour tous, si les plus faibles sont protégés contre les forts. Il faut donc une autorité puissante pour contenir les plus forts et les masses nombreuses, et les contraindre à respecter la liberté des faibles et des individus isolés. D'ailleurs il y a deux espèces de liberté entre lesquelles il importe de faire une distinction; la liberté personnelle, qui garantit à chacun, aux plus petits comme aux grands, les biens, la vie et la liberté de ses actions; la liberté politique, qui donne à quelques-uns des droits politiques, au moyen desquels ils sont immiscés dans le gouvernement de l'Etat. La première de ces deux libertés est précieuse, indispensable, intéresse tous les citoyens, et doit exister sans restriction; la seconde n'intéresse qu'une partie des citoyens, et beaucoup d'entre eux en sont privés sans s'en douter; elle a besoin de restriction et ne peut s'étendre sans compromettre la première. Ainsi, sous prétexte d'accroître la liberté, vous affaiblissez l'autorité, vous ôtez la liberté aux faibles, vous rentrez dans l'indépendance sauvage. Etendez la liberté politique, vous détruisez la liberté personnelle : nous en avons eu l'exemple sous les yeux à toutes les époques où nous avons eu la prétention d'une plus grande liberté, dans la première comme dans notre dernière révolution.

L'autorité est donc la base de la liberté; mais comme les hommes abusent de tout, il faut pourvoir à ce que l'autorité, qui doit protéger la liberté, ne l'opprime pas. C'est dans ce but qu'il est nécessaire que la nation nomme des délégués chargés de défendre ses droits et ses intérêts. Mais le rôle que joueront ses delégués dans l'Etat doit être secondaire, et non principal; limitatif, et non dirigeant; leur mission doit être, non d'agir, mais d'empêcher; d'arrêter le mouvement s'il est besoin, et non de le donner; de défendre enfin, et jamais d'attaquer : sans quoi la faible autorité ne pouvant plus assurer à tous la liberté, il n'y a plus de liberté. L'on voit que nous voulons la liberté comme nos adversaires; que loin d'en être les ennemis, nous l'aimons autant, et sans doute plus utilement que ceux qui s'intitulent exclusivement ses amis. Elle est pour eux un enfant chéri qu'ils étouffent à force de caresses; qu'ils perdent par la peur de le gêner et de contrarier ses caprices; elle est pour nous un enfant mieux chéri, à qui nous ne donnons que la nourriture qui le maintient en santé; que nous gênons et contrarions plutôt que de l'abandonner aux volontés qui lui seraient nuisibles. Je pense que nous sommes des amis plus éclairés. En un mot, point de liberté réelle sans une autorité forte; point de liberté donc avec le libéralisme et la démocratie.

Après avoir retracé les malheurs que nous devons à la révolution de 1830, je voudrais pouvoir présenter le remède. Malheureusement il n'est pas donné à cette révolution de pouvoir guérir les maux qu'elle a faits. Elle a produit ces maux; elle les entretient; elle ne s'en séparera pas, car ils lui sont inhérens, et tiennent à son essence même. Plus de confiance à l'intérieur, plus de confiance à l'extérieur, voilà le résultat nécessaire de cette révolution et du gouvernement qu'elle a établi. La défiance intérieure a produit la misère de tous; la défiance extérieure oblige à l'accroissement des dépenses. Ainsi misère et dépenses, diminution des revenus et accroissement des impôts. Cette situation, nécessaire aujourd'hui, conduit à une ruine prochaine. Il n'y a pas d'autre remède que le retour de la confiance, et le système de notre révolution ne peut jamais nous la rendre. La confiance est impossible quand la base de la souveraineté est l'instabilité attachée à la souveraineté du peuple, quand la base de la Constitution est l'anarchie attachée au règne de la démocratie. Il n'est qu'un seul moyen de retrouver la confiance, et par suite le bonheur général, c'est d'abandonner ces deux bases branlantes pour en revenir aux bases solides de la légitimité dans le principe de souveraineté, de la liberté fondée sur l'autorité et l'aristocratie dans la Constitution de l'Etat.

Ainsi le remède à nos maux, c'est de faire le contraire de ce que nous avons fait. Revenir à notre principe fondamental, établi surtout dans l'intérêt des peuples; rétablir les provinces et leur rendre leur administration privée, la disposition des intérêts locaux, la répartition des impôts généraux, le vote et l'emploi des contributions consacrées aux dépenses provinciales et communales; laisser aux assemblées centrales, dirigées par l'initiative royale, le vote général des impôts et la disposition des intérêts généraux; cesser d'appeler chaque jour, sur la place publique, et jusque dans les cabarets et les casernes, la discussion des affaires de l'Etat; faire concourir tous les citoyens à la direction du gouvernement, mais seulement par le vote général dans les élections, au moyen d'une élection à plusieurs degrés qui proportionne l'influence de chacun sur les affaires publiques et sur le choix de ceux qui les font, à son importance dans l'Etat et à la quotité de ses intérêts dans la communauté; enfin, repousser les deux sources de nos malheurs: le dogme de la souveraineté du peuple et une constitution démocratique, et les remplacer par notre principe fondamental et nos doctrines conservatrices.

Il n'est au monde qu'une personne unique à qui nous puissions devoir ces bienfaits, à qui la France puisse devoir son bonheur.

FIN.

www.ingramcontent.com/pod-product-compliance
Ingram Content Group UK Ltd.
Pitfield, Milton Keynes, MK11 3LW, UK
UKHW031921260826
14628UKWH00003B/1338

9 782012 463967